Евг. Евтушенко

НЕТ ЛЕТ

Любовная лирика

САНКТ-ПЕТЕРБУРГ

„Художественная литература"

Санкт-Петербургское отделение

1993

ББК 84.Р7
Е27

Оформление художника
А. ШКОРКИНА

Е $\frac{4702010202}{028(01)-93}$ без объявл.

ISBN 5-280-02949-1

Любовная
лирика

НЕТ ЛЕТ

Светлане Харрис

«Нет
    лет...» —
вот что кузнечики стрекочут нам в ответ
на наши страхи постаренья
и пьют росу до исступленья,
вися на стеблях на весу
с алмазинками на носу,
и каждый —
        крохотный зелененький поэт.

«Нет
    лет...» —
вот, что звенит,
        как будто пригоршня монет,
в кармане космоса дырявом горсть планет,
вот, что гремят, не унывая,
все недобитые трамваи,
вот, что ребячий прутик пишет на песке,
вот, что, как синяя пружиночка,
чуть-чуть настукивает жилочка
у засыпающей любимой на виске.
Нет
    лет.
Мы все,
        впадая сдуру в стадность,
себе придумываем старость,
но что за жизнь,
        когда она — самозапрет?
Копни любого старика
и в нем найдешь озорника,
а женщины немолодые —
все это девочки седые.
Их седина чиста, как яблоневый цвет.

7

Нет
    лет.
Есть только чудные и страшные мгновенья.
Не надо нас делить на поколенья.
Всепоколенийность —
                        вот гениев секрет.
Уронен Пушкиным дуэльный пистолет,
а дым из дула смерть не выдула
и Пушкина не выдала,
не разрешив ни умереть,
                          ни постареть.

Нет
    лет.
А как нам быть,
                негениальным,
но все-таки многострадальным,
чтобы из шкафа,
              неодет,
с угрюмым грохотом обвальным,
грозя оскалом тривиальным,
не выпал собственный скелет?
Любить.
         Быть вечным во мгновении.
Все те, кто любят —
                   это гении.

Нет
    лет
для всех Ромео и Джульетт.
В любви полмига —
                полстолетия.
Полюбите —
           не постареете —
вот всех зелененьких кузнечиков совет.
Есть
    весть,
и не плохая, а благая,
что существует жизнь другая,
но я смеюсь,
              предполагая,
что сотня жизней не в другой, а в этой есть,
и можно сотни раз отцвесть
и вновь расцвесть.

Нет
    лет.
Не сплю,
         хотя давно погас в квартире свет
и лишь наскрипывает дряхлый табурет:
«Нет
    лет...
        нет
           лет...»

18 июля 1992 года Станция Зима

Не разглядывать в лупу
эту мелочь и ту,
как по летнему лугу,
я по жизни иду.

Настежь —
            ворот рубашки,
и в тревожных руках
все недели —
            ромашки
о семи лепестках.

Ветер сушит мне губы.
Я к ромашкам жесток.
Замирающе:
            «Любит!» —
говорит лепесток.

Люди, слышите, люди,
я счастливый какой!
Но спокойно:
            «Не любит»,—
возражает другой.

1953

* * *

Паровозный гудок.
Журавлиные трубы
и зубов холодок
сквозь раскрытые губы.

До свиданья, прости,
отпусти, не неволь же!
Разойдутся пути
и не встретятся больше.

По дорогам весны
поезда будут мчаться,
и не руки, а сны
будут ночью встречаться.

Опустевший вокзал
над сумятицей судеб...
Тот, кто горя не знал,
о любви пусть не судит.

1951

МОРЕ

«Москва — Сухуми»
                мчался через горы.
Уже о море
           были разговоры.
Уже в купе соседнем практиканты
оставили
         и шахматы,
                    и карты.

Курортники толпились в коридоре,
смотрели в окна:
                 «Вскоре будет море!»
Одни,
      схватив товарищей за плечи,
свои припоминали
                 с морем встречи.

А для меня
           в музеях и квартирах
оно висело в рамах под стеклом.
Его я видел только на картинах
и только лишь по книгам знал о нем.

И вновь соседей трогал я рукою
и был в своих вопросах
                       я упрям:
«Скажите — скоро?..
                   А оно — какое?»
«Да погоди,
           сейчас увидишь сам...»

И вот — рывок,
              и поезд — на просторе,
и сразу в мире нету ничего:
исчезло все вокруг —
                     и только море,
затихло все,
            и только шум его...
Вдруг вспомнил я:
                 со мною так же было.
Да это же вот чувство,
                       но сильней,

когда любовь уже звала,
                            знобила,
а я по книгам только знал о ней.

Любовь за невниманье упрекая,
я приставал с расспросами к друзьям:
«Скажите — скоро?..
                            А она — какая?»
«Да погоди,
          еще узнаешь сам...»

И так же, как сейчас,
                            в минуты эти,
когда от моря стало так синё,
исчезло все —
                    и лишь она на свете,
затихло все —
                    и лишь слова ее...

1952

Не верящий легким победам,
стремясь через беды пройти,
я ездил за юностью следом,
сбиваясь в тумане с пути.

Я ездил, а путь был извилист —
судьбе непонятной родня.
В печали метели извылись,
навечно меня хороня.

Но, сбросив мешавшую рухлядь,
уже и без масок и поз,
все силы собрав, чтоб не рухнуть,
я снова шагал или полз.

Мне мало всех щедростей мира,
мне мало и ночи, и дня.
Меня ненасытность вскормила,
и жажда вспоила меня.

Мне в жадности не с кем сравниться,
и вечно — опять и опять
хочу я всем девушкам сниться,
всех женщин хочу целовать!

1951

ПЕРЕД ВСТРЕЧЕЙ

Влюбленные встречались, как ведется,
у памятников, парков и витрин,
и только я, шатаясь где придется,
среди свиданий чьих-то был один.

Я шел, как будто был куда-то позван,
и лишь в пути задумался — куда?
Пойти в театр — уже, пожалуй, поздно.
Домой? Домой не поздно никогда.

Я — на вокзал,
               и у окна кассирши,
едва оставшись в сутолоке цел,
один билет куда-нибудь спросивши,
зачем-то в поезд пригородный сел.

Он тронулся.
             В вагоне тесно было.
Меня совсем притиснули к стене.
В окне от огоньков ночных рябило,
со мною рядом старичок в пенсне
дремал, устав от всяких треволнений,
от суеты вокзальной еле жив,
с картонными коробками пельменей
«авоську» на колени положив.

Две женщины судили и рядили,
ни от кого заботы не тая.
А люди все входили и сходили...
На станции одной сошел и я.

Я шел, о направленье на заботясь,
и обступала ночь со всех сторон
с плакатами «Платформ высоких бойтесь!»
весь в шелухе от семечек перрон.

С перрона прыгнул прямо на тропинку.
Вдали проплыл над шпалами гудок.
На даче где-то завели пластинку
Баглановой «Самару-городок».

Ремонтник, у костра присевший, грелся,
помешивая воду в котелке.
Шел стрелочник, простукивая рельсы,
с качающейся лампою в руке.

Над речкой кто-то тихо пел «Катюшу»
на мостике дощатом без перил,
а я стоял и паровозы слушал,
как будто с миром целым говорил.

Мир наплывал огнями, листопадом,
у ног моих плескался, как прибой,
и где-то очень близко, очень рядом
в нем предстояло встретиться с тобой.

1952

ДВОРЕЦ

Сказки, знаю вас — напрасно вы не молвитесь!
Ведь недаром сон я помню до сих пор:
я сижу у синя моря, добрый молодец.
Я кручинюсь. Я оперся о топор.

Призывал меня вчера к себе царь-батюшка
и такие мне говаривал слова:
«На тебе, гляжу, заплатанное платьишко,
да и лапти твои держатся едва.

Вот те слово — станешь важною персоною
и не будешь ты в холщовине простой.
Посади мне на воде сады зеленые
и дворец мне белокаменный построй!

Гей, возьмите, мои слуги, добра молодца,
отведите его к синю морю вы.
А не сделает к утру — пускай помолится.
Не сносить ему шалавой головы!

Вы ведите его к морю да не цацкайтесь!»
Благодарно я склонился до земли.
Подхватили меня крепко слуги царские
и сюда, на эту кручу, привели.

Был не очень-то настроен веселиться я,
как избавиться, не знал я, от беды.
Вдруг я вижу, что Премудрой Василисою
появляешься ты прямо из воды!

На меня ты, подбодряя словно, глянула
и, пройдя по морю синему пешком,
трижды топнула решительно сафьяновым
шитым золотом заморским сапожком.

Там, где бровью указала чернодужною,
затвердели волны глыбами земли.
Где на землю кику бросила жемчужную,
там палаты камня белого взошли.

И смотрел, застыв на круче, удивленно я,
как, улыбкой создавая острова,

18

доставала ты, шутя, сады зеленые
то из лева, то из права рукава.

Птиц пустила в небеса, мосты расставила.
«Будь спокоен! — мне сказала. — Можешь
                                        спать».
И скользнула легкой тенью, и растаяла,
и оставила до случая опять.

А наутро просыпаюсь я от гомона.
Вижу я — стоит народ, разинув рот.
Вижу — движется ко мне толпа огромная,
окружает и к царю меня ведет.

Царь дарит меня и милостью, и ласкою
(правда, милость государя до поры),
но пока хожу, одет в наряды фряжские,
и уже поют мне славу гусляры.

И не знают люди, чудом ослепленные,
что не я — его действительный творец,
что не мной сады посажены зеленые
и построен белокаменный дворец...

1952

Когда, казалось, раскричусь
от помысла незваного,
из пестрой путаницы чувств
ты возникала заново.
Но, чувства вынеся на суд,
твердила боль, упорствуя,
что в поцелуях губы — лгут,
а руки — лишь притворствуют.
Не буду спать я в тишине,
опять догадки делая;
кто в мире этом скажет мне:
где черное, где белое?
Нам жизнь ответа не дала
и даст его невскорости —
ведь нет добра и нету зла:
есть радости и горести.

1953

***

Ты большая в любви.
                    Ты смелая.
Я — робею на каждом шагу.
Я плохого тебе не сделаю,
а хорошее вряд ли смогу.
Все мне кажется,
                    будто бы по лесу
без тропинки ведешь меня ты.
Мы в дремучих цветах до пояса.
Не пойму я —
              что за цветы.
Не годятся все прежние навыки.
Я не знаю,
            что делать и как.
Ты устала.
            Ты просишься на руки.
Ты уже у меня на руках.
«Видишь,
          небо какое синее?
Слышишь,
          птицы какие в лесу?
Ну так что же ты?
                    Ну?
                          Неси меня!»
А куда я тебя понесу?..

1953

21

К добру ты или к худу,
решает время пусть,
но, лишь с тобой побуду,
я хуже становлюсь.
Ты мне звонишь нередко,
но всякий раз в ответ,
как я просил, соседка
твердит, что дома нет.
А ты меня тревожишь
письмом любого дня.
Ты пишешь, что не можешь
ни часу без меня,
что я какой-то странный,
что нету больше сил,
что Витька Силин пьяный
твоей руки просил.
Я полон весь то болью,
то счастьем, то борьбой...
Что делать мне с тобою?
Что делать мне с собой?!
Смотреть стараюсь трезво
на все твои мечты.
И как придумать средство,
чтоб разлюбила ты?
В костюме новом синем,
что по заказу сшит,
наверно, Витька Силин
сейчас к тебе спешит.
Он ревностен и стоек.
В душе — любовный пыл.
Он аспирант-историк
и что-то там открыл.
Среди весенних лужиц
идет он через дождь,
а ты его не любишь,
а ты его не ждешь,
а ты у «Эрмитажа»
стоишь, ко мне звоня,
и знаешь — снова скажут,
что дома нет меня.

1953

ТРЕТИЙ СНЕГ

С. Щипачеву

Смотрели в окна мы, где липы
чернели в глубине двора.
Вздыхали: снова снег не выпал,
а ведь пора ему, пора.

И снег пошел, пошел под вечер.
Он, покидая высоту,
летел, куда подует ветер,
и колебался на лету.

Он был пластинчатый и хрупкий
и сам собою был смущен.
Его мы нежно брали в руки
и удивлялись: «Где же он?»

Он уверял нас: «Будет, знаю,
и настоящий снег у вас.
Вы не волнуйтесь — я растаю,
не беспокойтесь — я сейчас...»

Был новый снег через неделю.
Он не пошел — он повалил.
Он забивал глаза метелью,
шумел, кружил что было сил.

В своей решимости упрямой
хотел добиться торжества,
чтоб все решили: он тот самый,
что не на день и не на два.

Но, сам себя таким считая,
не удержался он и сдал,
и если он в руках не таял,
то под ногами таять стал.

А мы с тревогою все чаще
опять глядели в небосклон:
«Когда же будет настоящий?
Ведь все же должен быть и он».

И как-то утром, вставши сонно,
еще не зная ничего,
мы вдруг ступили удивленно,
дверь отворивши, на него.

Лежал глубокий он и чистый
со всею мягкой простотой.
Он был застенчиво-пушистый
и был уверенно-густой.

Он лег на землю и на крыши,
всех белизною поразив,
и был действительно он пышен,
и был действительно красив.

Он шел и шел в рассветном гаме
под гуд машин и храп коней,
и он не таял под ногами,
а становился лишь плотней.

Лежал он, свежий и блестящий,
и город был им ослеплен.
Он был тот самый. Настоящий.
Его мы ждали. Выпал он.

1953

СВАДЬБЫ

А. Межирову

О, свадьбы в дни военные!
Обманчивый уют,
слова неоткровенные
о том, что не убьют...
Дорогой зимней, снежною,
сквозь ветер, бьющий зло,
лечу на свадьбу спешную
в соседнее село.
Походочкой расслабленной,
с челочкой на лбу
вхожу,
        плясун прославленный,
в гудящую избу.
Наряженный,
          взволнованный,
среди друзей,
          родных,
сидит мобилизованный
растерянный жених.
Сидит
      с невестой Верою.
А через пару дней
шинель наденет серую,
на фронт поедет в ней.
Землей чужой,
          не местною
с винтовкою пойдет,
под пулею немецкою,
быть может, упадет.
В стакане брага пенная,
но пить ее невмочь.
Быть может, ночь их первая —
последняя их ночь.
Глядит он опечаленно
и — болью всей души
мне через стол отчаянно:
«А ну давай, пляши!»
Забыли все о выпитом,
все смотрят на меня,
и вот иду я с вывертом,
подковками звеня.

То выдам дробь,
                    то по полу
носки проволоку.
Свищу,
            в ладоши хлопаю,
взлетаю к потолку.
Летят по стенам лозунги,
что Гитлеру капут,
а у невесты
                    слезыньки
горючие
            текут.
Уже я измочаленный,
уже едва дышу...
«Пляши!..» —
                    кричат отчаянно,
и я опять пляшу...
Ступни как деревянные,
когда вернусь домой,
но с новой свадьбы
                        пьяные
являются за мной.
Едва отпущен матерью,
на свадьбы вновь гляжу
и вновь у самой скатерти
вприсядочку хожу.
Невеста горько плачется,
стоят в слезах друзья.
Мне страшно.
                    Мне не пляшется,
но не плясать —
                    нельзя.

1955

* * *

Бывало, спит у ног собака,
костер занявшийся гудит,
и женщина из полумрака
глазами зыбкими глядит.

Потом под пихтою приляжет
на куртку рыжую мою
и мне,
            задумчивая,
                          скажет:
«А ну-ка, спой!..» —
                          и я пою.

Лежит, отдавшаяся песням,
и подпевает про себя,
рукой с латышским светлым перстнем
цветок алтайский теребя.

Мы были рядом в том походе.
Все говорили, что она
и рассудительная вроде,
а вот в мальчишку влюблена.

От шуток едких и топорных
я замыкался и молчал,
когда лысеющий топограф
меня лениво поучал:

«Таких встречаешь, брат, не часто...
В тайге все проще, чем в Москве.
Да ты не думай, что начальство!
Такая ж баба, как и все...»

А я был тихий и серьезный
и в ночи длинные свои
мечтал о пламенной и грозной,
о замечательной любви.

Но как-то вынес одеяло
и лег в саду,
                    а у плетня

она с подругою стояла
и говорила про меня.

К плетню растерянно приникший,
я услыхал в тени ветвей,
что с нецелованным парнишкой
занятно баловаться ей...

Побрел я берегом туманным,
побрел один в ночную тьму,
и все казалось мне обманным,
и я не верил ничему.

Ни песням девичьим в долине,
ни воркованию ручья...
Я лег ничком в густой полыни
и горько-горько плакал я.

Но как мое,
            мое владенье,
в текучих отблесках огня
всходило смутное виденье
и наплывало на меня.

Я видел —
            спит у ног собака,
костер занявшийся гудит,
и женщина
            из полумрака
глазами зыбкими глядит.

1955

Играла девка на гармошке.
Она была пьяна слегка,
и корка черная горбушки
лоснилась вся от чеснока.

И безо всяческой героики,
в избе устроив пир горой,
мои товарищи-геологи,
обнявшись, пели под гармонь.

У ног студентки-практикантки
сидел я около скамьи.
Сквозь ее пальцы протекали
с шуршаньем волосы мои.

Я вроде пил, и вроде не пил,
и вроде думал про свое,
и для нее любимым не был,
и был любимым для нее.

Играла девка на гармошке,
о жизни пела кочевой,
и шлепали ее галошки,
прихваченные бечевой.

Была в гармошке одинокость,
тоской обугленные дни
и беспредельная далекость,
плетни, деревья и огни.

Играла девка, пела девка,
и потихоньку до утра
по-бабьи плакала студентка —
ее ученая сестра.

1955

Снова грустью повеяло
в одиноком дому...
Сколько ты понаверила,
а зачем и кому!

Для себя же обидная,
ты сидишь у окна.
Ты ничья не любимая
и ничья не жена.

Не прошусь быть любовником
и дружить — не дружу,
но с моим новым сборником
я к тебе прихожу.

Ты опять придуряешься,
в лжи меня обвинив:
«Все, дружок, притворяешься,
все играешь в наив...»

Шутишь едко и ветрено.
Я тебя не корю,
только долго и медленно
папиросы курю.

Говоришь: «Брось ты, Женечка,
осуждающий взгляд».
«Интересная женщина»,—
про тебя говорят.

Мне тобою не велено
замечать твою грусть,
и, в себе не уверенный,
за тебя я боюсь.

От меня не укроется —
если спорим, грубим —
уезжаешь ты в поезде
с кем-то очень другим.

Ест печаль меня поедом,
все надежды губя,

и бегу я за поездом,
увозящим тебя.

Но походкою крупною
сквозь рассветный галдеж
ты выходишь на Трубную,
Самотекой идешь.

И глядишь ты не сумрачно
от себя вдалеке,
и взволнованно сумочку
теребишь ты в руке.

Синева незатроганная.
Солнца — хоть завались!
И ручьи подсугробные
на асфальт прорвались.

Парень мчится на гоночном,
почка сладко-кисла,
и зима уже кончена,
но еще не весна.

1955

ПО ЯГОДЫ

Три женщины и две девчонки куцых
да я...
    Летел набитый сеном кузов
среди полей, шумящих широко.
И, глядя на мелькание косилок,
коней,
       колосьев,
           кепок
              и косынок,
мы доставали булки из корзинок
и пили молодое молоко.
Из-под колес взметались перепелки,
трещали, оглушая перепонки.
Мир трепыхался, зеленел, галдел.
Лежал я в сене, опершись на локоть,
задумчиво разламывая ломоть,
не говорил, а слушал и глядел.
Мальчишки у ручья швыряли камни,
и солнце распалившееся жгло,
но облака накапливали капли,
ворочались, дышали тяжело.
Все становилось мглистей, молчаливей,
уже в стога народ колхозный лез,
и без оглядки мы влетели в ливень —
и вместе с ним и с молниями в лес!
Весь кузов перестраивая с толком,
мы разгребали сена вороха
и укрывались...
           Не укрылась только
попутчица одна лет сорока.
Она глядела целый день устало,
молчала нелюдимо за едой.
И вдруг сейчас приподнялась и встала —
и стала молодою-молодой.
Она сняла с волос платочек белый,
какой-то шалой лихости полна.
И повела плечами и запела,
веселая и мокрая, она:
«Густым лесом босоногая
девчоночка идет.
Мелку ягоду не трогает,
крупну ягоду берет».

Она стояла с гордой головою,
и все вперед — и сердце и глаза,
а по лицу —

        хлестанье мокрой хвои,
и на ресницах —

          слезы и гроза.
«Чего ты там?

       Простудишься, дурило...» —
ее тянула тетя, теребя.
Но всю себя она дождю дарила,
и дождь за это ей дарил себя.
Откинув косы смуглою рукою,
глядела вдаль,

      как будто там,

            вдали,
поющая

     увидела такое,
что остальные видеть не могли.
Казалось мне:

        нет ничего на свете —
лишь этот в тесном кузове полет,
нет ничего —

       лишь бьет навстречу ветер,
и ливень льет,

      и женщина поет...
Мы ночевать устроились в амбаре.
Амбар был низкий.

       Душно пахло в нем
овчиною, сушеными грибами,
моченою брусникой и зерном.
Листом зеленым веники дышали.
В скольжении лучей и темноты
огромными летучими мышами
под потолком чернели хомуты.
Мне не спалось.

      Едва белели лица,
и женский шепот слышался во мгле.
Я вслушался в него:

       «Ах, Лиза, Лиза,
ты и не знаешь, как живется мне!
Ну, фикусы у нас, ну, печь-голландка,
ну, цинковая крыша хороша,
все вычищено,

      выскоблено

        гладко,

есть дети, муж...

          Но есть еще душа!
А в ней какой-то холод, лютый холод...
Вот говорит мне мать:

              „Чем плох твой Петр?

Он бить не бьет,

          на сторону не ходит,
ну пьет, конечно.

            Ну а кто не пьет?"
Ах, Лиза!

         Вот придет он пьяный ночью,
рычит — неужто я ему навек.
И грубо повернет и — молча, молча,
как будто вовсе я не человек.
Я раньше, помню, плакала бессонно,
теперь уже умею засыпать.
Какой я стала...

         Все дают мне сорок,
а мне ведь, Лиза, только тридцать пять!
Как дальше буду?

          Больше нету силы...
Ах, если б у меня любимый был,
уж как бы я тогда за ним ходила,
пускай бы бил, мне — только бы любил!..»
Да это ведь она сквозь дождь и ветер
летела с песней, жаркой и простой.
И я —

      я ей завидовал,

             я верил
раздольной незадумчивости той.
Стих разговор.

         Донесся скрип колодца
и плавно смолк.

         Все улеглось в селе,
и только сыто чавкали колеса
по втулку в придорожном киселе...
Нас разбудил мальчишка ранним утром
в напяленном на майку пиджаке.
Был нос его воинственно облуплен,
и медный чайник он держал в руке.
С презреньем взгляд скользнул по мне,

                 по тете,
по всем дремавшим сладко на полу:
«По ягоды-то, граждане, пойдете?
Чего ж тогда вы спите? Не пойму...»

За стадом шла отставшая корова.
Дрова босая женщина колола.
Орал петух.
                Мы вышли за село.
Покосы от кузнечиков оглохли.
Возов застывших высились оглобли,
и было над землей синё-синё.
Сначала шли поля, потом подлесок
в холодном блеске утренних подвесок
и птичьей хлопотливой суете.
Уже и костяника нас манила,
и дымчатая нежная малина
в кустарнике алела кое-где.
Тянула голубика лечь на хвою,
брусничинки подошвы так и жгли,
но шли мы за клубникою лесною —
за самой главной ягодой мы шли.
И вдруг передний кто-то крикнул с жаром:
«Да вот она! А вот еще видна!..»
О, радость быть простым, берущим, жадным!
О, первых ягод звон о дно ведра!
Но поднимал нас предводитель юный,
и подчиняться были мы должны:
«Эх, граждане, мне с вами просто юмор!
До ягоды еще и не дошли...»
И вдруг поляна лес густой пробила,
вся в пьяном солнце, в ягодах, в цветах.
У нас в глазах рябило.
                Это было
как выдохнуть растерянное «ах!».
Клубника млела, запахом тревожа,
гремя посудой, мы бежали к ней
и падали
                и, в ней, дурманной, лежа,
ее губами брали со стеблей.
Пушистою травой дымились взгорья.
Лес мошкарой и соснами гудел.
А я...
                Забыл про ягоды я вскоре.
Я вновь на эту женщину глядел.

В движеньях радость радостью сменялась.
Платочек белый съехал до бровей.
Она брала клубнику и смеялась,
И думал я, забыв про все, о ней.

Запомнил я отныне и навеки,
как сквозь тайгу летел наш грузовик,
разбрызгивая грязь, сшибая ветки
и в белом блеске молний грозовых.

И пела женщина,
                    и струйки,
                                струйки,
                                        пенясь,
по скользкому стеклу стекали вкось...
И я хочу,
            чтобы мне так же пелось,
как трудно бы мне в жизни
                            ни жилось!
Чтоб шел по свету с гордой головою,
чтоб все вперед —
                    и сердце и глаза,
а по лицу —
                хлестанье мокрой хвои,
и на ресницах —
                    слезы и гроза!

1955

* * *

Ах, что я делал, что я делал,
чего хотел, куда глядел?
Какой неумный мелкий демон
во мне заносчиво сидел?

Зачем ты жизнь со мной связала
с того невдумчивого дня?
Зачем ты мне тогда сказала,
что жить не можешь без меня?

Я ничего не вспоминаю —
теперь мы с памятью враги.
Не так я жил.
       Как жить — не знаю,
и ты мне в этом помоги.

1955

НА ВЕЛОСИПЕДЕ

Я бужу на заре
своего двухколесного друга.
Мать кричит из постели:
«На лестнице хоть не трезвонь!»
Я свожу его вниз.
По ступеням он скачет
упруго.
Стукнуть шину ладонью —
и сразу подскочит ладонь!
Я небрежно сажусь —
вы посадки такой не видали!
Из ворот выезжаю
навстречу воскресному дню.
Я качу по асфальту.
Я весело жму на педали.
Я бесстрашно гоню,
и звоню,
   и звоню,
     и звоню...
За Москвой петуха я пугаю,
кривого и куцего.
Белобрысому парню
я ниппель даю запасной.
Пью коричневый квас
в пропылившемся городе Кунцево,
привалившись спиною
к нагретой цистерне квасной.
Продавщица сдает
мокрой мелочью сдачу.
Свое имя скрывает:
«Какие вы хитрые все».
Улыбаясь: «Пока!»,
я к товарищу еду на дачу.
И опять я спешу,
и опять я шуршу по шоссе.
Он сидит, мой товарищ,
и мрачно строгает дубину
на траве,
   зеленеющей у гаража.
Говорит мне:
«Мячи вот украли...
     Обидно...»

И корит домработницу:
«Тоже мне страж...

               Хороша!»
Я молчу.
Я гляжу на широкие, сильные плечи.
Он о чем-то все думает,
даже в беседе со мной.
Очень трудно ему.
На войне было легче.
Жизнь идет.
Юность кончилась вместе с войной.
Говорит он:
«Там душ.

        Вот держи,

              утирайся».
Мы по рощице бродим,
ругаем стихи и кино.
А потом за столом
на прохладной и тихой террасе,
рядом с ним и женою
тяну я сухое вино.
Вскоре я говорю:
«До свидания, Галя и Миша».
Из ворот он выходит,
жена прислонилась к плечу.
Почему-то я верю:
он сможет,

            напишет...
Ну а если не сможет,
и знать я о том не хочу.
Я качу!
Не могу я
с веселостью прущей расстаться.
Грузовые в пути
догоняю я махом одним.
Я за ними лечу
в разреженном пространстве.
На подъемах крутых
прицепляюсь я к ним.
Знаю сам,

        что опасно!
Люблю я рискованность!
Говорят мне,
гудя напряженно,

              они:

«На подъеме поможем,
дадим тебе скорость,
ну а дальше уже,
как сумеешь, гони».
Я гоню что есть мочи!
Я шутками лихо кидаюсь.
Только вы не глядите,
как шало я мчусь,—
это так, для фасону.
Я знаю,
         что плохо катаюсь.
Но когда-нибудь
я хорошо научусь.
Я слезаю в пути
у сторожки заброшенной,
               ветхой.
Я ломаю черемуху
         в звоне лесном
и, к рулю привязав ее ивовой веткой,
я лечу
      и букет раздвигаю лицом.
Возвращаюсь в Москву.
Не устал еще вовсе.
Зажигаю настольную,
верхнюю лампу гашу.
Ставлю в воду черемуху.
Ставлю будильник на восемь,
и сажусь я за стол,
и вот эти стихи
        я пишу...

1955

* * *

Стихотворенье
        надел я на ветку.
Бьется оно,
       не дается ветру.
Просишь:
    «Сними его,
        не шути».
Люди идут.
     Глядят с удивленьем.
Дерево машет
      стихотвореньем.
Спорить не надо.
       Надо идти.
«Ты ведь не помнишь его».—
            «Это **правда**,
но я напишу тебе новое завтра.
Стоит бояться таких пустяков!
Стихотворенье для ветки не тяжесть.
Я напишу тебе,
       сколько ты скажешь.
Сколько деревьев —
       столько стихов!»
Как же с тобою дальше мы будем?
Может быть, это мы скоро забудем?
Нет,
  если плохо нам станет в пути,
вспомним,
    что где-то,
       полно озареньем,
дерево машет
      стихотвореньем,
и улыбнемся: «Надо идти».

1955

* * *

Б. Ахмадулиной

Обидели.
          Беспомощно мне,
                    стыдно.
Растерянность в душе моей,
                    не злость.
Обидели усмешливо и сыто.
Задели за живое.
                    Удалось.
Хочу на воздух!
          Гардеробщик сонный
дает пальто,
          собрания браня.
Ко мне подходит та,
                    с которой в ссоре.
Как много мы не виделись —
                    три дня!
Молчит.
          Притих внимательно и нервно
в руках платочек белый кружевной.
В ее глазах заботливо и верно...
Мне хочется назвать ее женой.
Такси,
     и снег в лицо,
                    и лепет милый:
«Люблю —
          как благодарна я судьбе!
Смотри —
          я туфли новые купила.
Ты не заметил?
                    Нравятся тебе?
Куда мы едем?»
                    «Мой товарищ болен...»
«Как скажешь, дорогой...
                    Ах, снег какой!
Не верю даже —
          я опять с тобою.
Небритый ты —
          щекочешься щекой».
В пути мы покупаем апельсины,
шампанского.
          По лестнице идем.

42

Друг открывает дверь,
                    больной и сильный:
«Ух, молодцы какие,
                    что вдвоем!..
Шампанское?
                А я уж лучше водки.
Оно полезней...»
                    Он на нас глядит,
глядит,
        я знаю — думает о Волге,
которая зовет его,
                    гудит.
Мне говорит:
            «Хандрить ты разучайся.
Жизнь трудная —
                она еще не вся...»
И тихо-тихо:
            «Вы не разлучайтесь.
Смотрите мне, ребята, —
                        вам нельзя».
Уходим вскоре.
                Вот и покутили!
Февральских скверов белые кусты
тревожно смотрят.
                    Нет у нас квартиры.
Мы расстаемся.
                Горько плачешь ты.
Не сплю.
        Ко мне летят сквозь снег обильный
последние трамвайные звонки.
Вокруг садятся разные обиды,
как злые терпеливые зверьки.
Но чувствую дыхание участья.
Твое лицо плывет из темноты,
и дальний голос:
                    «Вы не разлучайтесь...»,
товарища черты,
            и снова ты...

1955

ПОСЛЕДНИЙ ПЕРЕУЛОК

Действительно, Последний переулок,
где в доме, отдающем кабаком,
я умника играю перед дурой
и становлюсь все больше дураком.

Зачем поэтом быть — чтобы облапить
мещаночку на мощном сундуке?
И я нелеп, как в модных туфлях лапоть,
попавший в лапы к матушке Москве.

Здесь, в комнате рюмастой и трюмастой,
поэзию постелью не спасти.
Последний переулок. Дом тринадцать.
И дальше уже некуда идти.

1955—1975

ГЛУБОКИЙ СНЕГ

По снегу белому на лыжах я бегу.
Бегу и думаю:
           «Что в жизни я могу?»
В себя гляжу,
       тужу,
            припоминаю.
Что знаю я?
        Я ничего не знаю.
По снегу белому на лыжах я бегу.
В красивом городе есть площадь Ногина.
Она сейчас отсюда не видна.
Там девушка живет одна.
           Она
мне не жена.
        В меня не влюблена.
Чья в том вина?..
          Ах, белое порханье!
Бегу.
    Мне и тревожно и легко.
Глубокий снег.
         Глубокое дыханье.
Над головою тоже глубоко.
Мне надо далеко...
Скрипите,
      лыжи милые,
            скрипите,
а вы,
    далекая,
         забудьте про беду.
Скрепите сердце.
         Что-нибудь купите.
Спокойно спите.
      Я не пропаду.
Я закурить хочу.
      Ломаю спички.
От самого себя устал бежать.
Домой поеду.
     В жаркой электричке
кому-то буду лыжами мешать.
Приеду к девушке одной.
            Она все бросит.
Она венком большие косы носит.

Она скучала от меня вдали.
Она поцеловать себя попросит.
«Не подвели ли лыжи?» —

                    тихо спросит.
«Нет, нет,— отвечу я,—

               не подвели».
А сам задумаюсь...

         «Ты хочешь, милый, чаю?» —
«Нет».—

      «Что с тобой —

             понять я не могу...
Где ты сейчас?»

          Я головой качаю.
Что я отвечу?

        Я ей отвечаю:
«По снегу белому

          на лыжах я бегу».

1955

* * *

Л. Мартынову

Окно выходит в белые деревья.
Профессор долго смотрит на деревья.
Он очень долго смотрит на деревья
и очень долго мел крошит в руке.
Ведь это просто —
                    правила деленья!
А он забыл их —
                    правила деленья!
Забыл —
          подумать! —
                    правила деленья.
Ошибка!
          Да.
              Ошибка на доске!
Мы все сидим сегодня по-другому,
и слушаем, и смотрим по-другому,
да и нельзя сейчас не по-другому,
и нам подсказка в этом не нужна.
Ушла жена профессора из дому.
Не знаем мы,
              куда ушла из дому,
не знаем,
          отчего ушла из дому,
а знаем только,
                что ушла она.
В костюме и немодном, и неновом, —
как и всегда, немодном и неновом,
да, как всегда, немодном и неновом, —
спускается профессор в гардероб.
Он долго по карманам ищет номер.
«Ну что такое?
                Где же этот номер?
А может быть,
                не брал у вас я номер?
Куда он делся? —
                  Трет рукою лоб. —
Ах, вот он!..
              Что ж,
                    как видно, я старею,
Не спорьте, тетя Маша,
                        я старею.

И что уж тут поделаешь —
                    старею...»
Мы слышим —
              дверь внизу скрипит за ним.
Окно выходит в белые деревья,
в большие и красивые деревья,
но мы сейчас глядим не на деревья,
мы молча на профессора глядим.
Уходит он,
          сутулый,
                    неумелый,
какой-то беззащитно неумелый,
я бы сказал —
              устало неумелый,
под снегом,
            мягко падающим в тишь.
Уже и сам он,
              как деревья,
                            белый,
да,
    как деревья,
                  совершенно белый,
еще немного —
              и настолько белый,
что среди них
              его не разглядишь.

1955

ПРОЛОГ

Я разный —
    я натруженный и праздный.
Я целе-
   и нецелесообразный.
Я весь несовместимый,
      неудобный,
застенчивый и наглый,
      злой и добрый.
Я так люблю,
    чтоб все перемежалось!
И столько всякого во мне перемешалось —
от запада
    и до востока,
от зависти
    и до восторга!
Я знаю — вы мне скажете:
       «Где цельность?»
О, в этом всем огромная есть ценность!
Я вам необходим.
Я доверху завален,
как сеном молодым
машина грузовая.
Лечу сквозь голоса,
сквозь ветки, свет и щебет,
и —
   бабочки
     в глаза,
и —
   сено
    прет
     сквозь щели!
Да здравствуют движение, и жаркость,
и жадность,
    торжествующая жадность!
Границы мне мешают...
      Мне неловко
не знать Буэнос-Айреса,
      Нью-Йорка.
Хочу шататься, сколько надо,
      Лондоном,
со всеми говорить —
     пускай на ломаном.

Мальчишкой,
                на автобусе повисшим,
хочу проехать утренним Парижем!
Хочу искусства разного,
                          как я!
Пусть мне искусство не дает житья
и обступает пусть со всех сторон...
Да я и так искусством осажден.
Я в самом разном сам собой увиден.
Мне близки
            и Есенин,
                        и Уитмен,
и Мусоргским охваченная сцена,
и девственные линии Гогена.
Мне нравится
              и на коньках кататься,
и, черкая пером,
                  не спать ночей.
Мне нравится
              в лицо врагу смеяться
и женщину нести через ручей.
Вгрызаюсь в книги
                  и дрова таскаю,
грущу,
        чего-то смутного ищу,
и алыми морозными кусками
арбуза августовского хрущу.
Пою и пью,
            не думая о смерти,
раскинув руки,
                падаю в траву,
и если я умру
              на белом свете,
то я умру от счастья,
                      что живу.

1955

Я кошелек.

Лежу я на дороге.
Лежу один посередине дня.
Я вам не виден, люди.

Ваши ноги
идут по мне и около меня.
Да что, вы

ничего не понимаете?!
Да что, у вас, ей-богу,

нету глаз?!
Та пыль,

что вы же сами поднимаете,
меня скрывает,

хитрая,

от вас.
Смотрите лучше.

Стоит лишь вглядеться,
я все отдам вам,

все, чем дорожил,
И не ищите моего владельца —
я сам себя на землю положил.
Не думайте,

что дернут вдруг за ниточку,
и над косым забором невдали
увидите какую-нибудь Ниночку,
смеющуюся:

«Ловко провели!»
Пускай вас не пугает смех стыдящий
и чьи-то лица где-нибудь в окне...
Я не обман.

Я самый настоящий.
Вы посмотрите только, что во мне!
Я одного боюсь,

на вас в обиде:
что вот сейчас,

посередине дня,
не тот, кого я жду,

меня увидит,
не тот, кто надо,

подберет меня.

1955

* * *

Тревожьтесь обо мне
пристрастно и глубоко.
Не стойте в стороне,
когда мне одиноко.

Когда я в чем спешу,
прошу вас — не серчайте,
а если вам пишу,
на письма отвечайте.

Желайте мне добра
и рядом и не рядом.
Твердите мне: «Пора!» —
всегдашним ждущим взглядом.

В усердии пустом
на мелком не ловите.
За все мое «потом»
мое «сейчас» любите.

1956

ЛЕД

Я тебя различаю с трудом.
Что вокруг натворила вода!
Мы стоим, разделенные льдом.
Мы по разные стороны льда.

Похудели дома и леса.
Клен качается бледный, худой.
Севши на воду, голоса
тихо движутся вместе с водой.

Льдины стонут и тонут в борьбе,
и, как льдинка вдали, ты тонка,
и обломок тропинки к тебе
по теченью уносит река...

1956

* * *

Не понимать друг друга страшно —
не понимать и обнимать,
и все же, как это ни странно,
но так же страшно, так же страшно
во всем друг друга понимать.

Тем и другим себя мы раним.
И, наделен познаньем ранним,
я душу нежную твою
не оскорблю непониманьем
и пониманьем не убью.

1956

* * *

И. Тарбе

Я груши грыз,
                    шатался,
                              вольничал,
купался в море поутру
в рубашке пестрой,
                    в шляпе войлочной
пил на базаре хванчкару.

Я ездил с женщиною маленькой,
ей летний отдых разрушал,
под олеандрами и мальвами
ее собою раздражал.

Брели художники с палитрами,
орал мацонщик на заре,
и скрипки вечером пиликали
в том ресторане на горе.

Потом дорога билась,
                    прядала,
скрипела галькой невпопад,
взвивалась,
                    дыбилась
                              и падала
с гудящих гор,
                    как водопад.

И в тихом утреннем селении,
оставив сена вороха,
нам открывал старик серебряный
играющие ворота.

Потом нас за руки цепляли там,
и все ходило ходуном,
лоснясь хрустящими цыплятами,
мерцая сумрачным вином.

Я брал светящиеся персики
и рог пустой на стол бросал
и с непонятными мне песнями
по-русски плакал и плясал.

И, с чуть дрожащей ниткой жемчуга,
пугливо голову склоня,
смотрела маленькая женщина
на незнакомого меня.

Потом мы снова,
                снова ехали
среди платанов и плюща,
треща зелеными орехами
и море взглядами ища.

Сжимал я губы побелевшие.
Щемило,
        плакало в груди,
и наступало побережие,
и море было впереди.

1956

С. Бокову

Пахнет засолами,
пахнет молоком.
Ягоды засохлые
в сене молодом.

Я лежу,
            чего-то жду
каждою кровинкой,
в темном небе
                    звезду
шевелю травинкой.

Все забыл,
            все забыл,
будто напахался, —
с кем дружил,
                    кого любил,
над кем надсмехался.

В небе звездно и черно.
Ночь хорошая.
Я не знаю ничего,
ничегошеньки.

Баловали меня,
а я —
        как небалованный,
целовали меня,
а я —
        как нецелованный.

1956

Г. Мазурину

Я на сырой земле лежу
в обнимочку с лопатою.
Во рту травинку я держу,
травинку кисловатую.
Такой проклятый грунт копать —
лопата поломается,
и очень хочется мне спать,
а спать не полагается.

«Что,
        не стоится на ногах?
Взгляните на голубчика!» —
хохочет девка в сапогах
и в маечке голубенькой.
Заводит песню, на беду,
певучую-певучую:
«Когда я милого найду,
уж я его помучаю».
Смеются все:
            «Ну и змея!
Ну, Анька,
        и сморозила!»
И знаю разве только я
да звезды и смородина,
как, в лес ночной со мной входя,
в смородинники пряные,
траву
    руками
            разводя,
идет она, что пьяная.
Как, неумела и слаба,
роняя руки смуглые,
мне говорит она слова
красивые и смутные.

1956

***

Б. Ахмадулиной

Моя любимая приедет,
меня руками обоймет,
все изменения приметит,
все опасения поймет.

Из черных струй, из мглы кромешной,
забыв захлопнуть дверь такси,
взбежит по ветхому крылечку
в жару от счастья и тоски.

Вбежит промокшая, без стука,
руками голову возьмет,
и шубка синяя со стула
счастливо на пол соскользнет.

1956

Следов сырые отпечатки,
бульвар,
          заснеженный трамвай,
прикосновение перчатки
и быстрое:
          «Прощай!»

Иду направленно,
                мертво,
и тишина,
          и снег витает.
Вот поворот,
          вот вход в метро,
и яркий свет,
          и шапка тает.

Стою на легком сквозняке,
смотрю в тоннель,
                набитый мраком,
и трогаю рукою мрамор,
и холодно моей руке.

И шум,
     и отправлений чинность.
И понимать мне тяжело,
что ничего не получилось
и получиться не могло.

1956

* * *

О радиатор хлещет глина,
и листья сыплются с ветвей,
и смотрит женщина Галина
из-под нахмуренных бровей.

В осенних струях,
                        бьющих косо,
летит навстречу ей земля.
Сжимают руки в тонких кольцах
баранку белую руля.

И дождь никак не кончит литься,
и мчит машина в полумглу,
и гром гремит,
                        и смотрят листья,
прижавшись к мокрому стеклу.

1956

* * *

Ты плачешь, бедная, ты плачешь,
и плачешь, верно, оттого,
что ничего собой не значишь
и что не любишь никого.

Когда целую твою руку
и говорю о пустяках,
какую чувствую я муку
во влажных теплых перстеньках!

На картах весело гадаешь,
дразня, сережками бренчишь,
но всей собою ты рыдаешь,
но всей собою ты кричишь.

И прорвались твои рыданья,
и я увидел в первый раз
незащищенное страданье
твоих невыдержавших глаз.

1956

* * *

Сквер величаво листья осыпал.
Светало. Было холодно и трезво.
У двери с черной вывескою треста,
нахохлившись, на стуле сторож спал.
Шла, распушивши белые усы,
пузатая машина поливная.
Я вышел, смутно мир воспринимая,
и, воротник устало поднимая,
рукою вспомнил, что забыл часы.
Я был расслаблен, зол и одинок.
Пришлось вернуться все-таки. Я помню,
как женщина в халатике японском
открыла дверь на первый мой звонок.
Чуть удивилась, но не растерялась:
«А, ты вернулся?» В ней во всей была
насмешливая умная усталость,
которая не грела и не жгла.
«Решил остаться? Измененье правил?
Начало новой светлой полосы?»
«Я на минуту. Я часы оставил».
«Ах да, часы, конечно же, часы...»
На стуле у тахты коробка грима,
тетрадка с новой ролью, томик Грина,
румяный целлулоидный голыш.
«Вот и часы. Дай я сама надену...»
И голосом, скрывающим надежду,
а вместе с тем и боль: «Ты позвонишь?»
...Я шел устало дремлющей Неглинной.
Все было сонно: дворников зевки,
арбузы в деревянной клетке длинной,
на шкафчиках чистильщиков — замки.
Все выглядело странно и туманно —
и сквер с оградой низкою, витой,
и тряпками обмотанные краны
тележек с газированной водой.
Свободные таксисты, зубоскаля,
кружком стояли. Кто-то, в доску пьян,
стучался в ресторан «Узбекистан»,
куда его, конечно, не пускали...
Бродили кошки чуткие у стен.
Я шел и шел... Вдруг чей-то резкий оклик:
«Нет закурить?» — и смутный бледный облик:

и странный, и знакомый вместе с тем.
Пошли мы рядом. Было по пути.
Курить — я видел — не умел он вовсе.
Лет двадцать пять, а может, двадцать восемь,
но все-таки не больше тридцати.
И понимал я с грустью нелюдимой,
которой был я с ним соединен,
что тоже он идет не от любимой
и этим тоже мучается он.
И тех же самых мыслей столкновенья,
и ту же боль и трепет становленья,
как в собственном жестоком дневнике,
я видел в этом странном двойнике.
И у меня на лбу такие складки,
жестокие, за все со мной сочлись,
и у меня в душе в неравной схватке
немолодость и молодость сошлись.
Все резче эта схватка проступает.
За пядью отвоевывая пядь,
немолодость угрюмо наступает,
и молодость не хочет отступать.

1957

Б. Ахмадулиной

Со мною вот что происходит:
ко мне мой старый друг не ходит,
а ходят в праздной суете
разнообразные не те.
И он
      не с теми ходит где-то
и тоже понимает это,
и наш раздор необъясним,
и оба мучаемся с ним.
Со мною вот что происходит:
совсем не та ко мне приходит,
мне руки на плечи кладет
и у другой меня крадет.
А той —
       скажите, Бога ради, —
кому на плечи руки класть?
Та,
   у которой я украден,
в отместку тоже станет красть.
Не сразу этим же ответит,
а будет жить с собой в борьбе
и неосознанно наметит
кого-то дальнего себе.
О, сколько нервных
             и недужных,
ненужных связей,
            дружб ненужных!
Во мне уже осатаненность!
О, кто-нибудь,
      приди,
           нарушь
чужих людей
        соединенность
и разобщенность
        близких душ!

1957

* * *

Ты спрашивала шепотом:
«А что потом?

А что потом?»
Постель была расстелена,
и ты была растеряна...
Но вот идешь по городу,
несешь красиво голову,
надменность рыжей челочки,
и каблучки-иголочки.
В твоих глазах —

насмешливость,
и в них приказ —

не смешивать
тебя

с той самой,

бывшею,
любимой

и любившею.
Но это —

дело зряшное.
Ты для меня —

вчерашняя,
с беспомощно забывшейся
той челочкою сбившейся.
И как себя поставишь ты,
и как считать заставишь ты,
что там другая женщина
со мной лежала шепчуще
и спрашивала шепотом:
«А что потом?

А что потом?»

1957—1975

ИРА

Здравствуй, Ира!
                Как живешь ты, Ира?
Без звонка опять пришел я,
                    ибо
знаю,
       что за это ты простишь,
что меня ты снова не прогонишь,
а возьмешь —
             и чем-нибудь покормишь
и со мною вместе погрустишь.
Я тебе не муж
           и не любовник,
но, пальто не сняв еще,
                  в ладонях
руку твою бережно задерживаю
и целую в лоб тебя,
                зардевшуюся.
Ты была б женой такою чудною —
преданною,
          верною,
             чуткою.
А друзья смеются:
                  «Что ты, Женечка!»
Да и кто на ней, подумай, женится!
Сколько у ней было-перебыло.
Можно ли,
        чтоб эта полюбила!
На такую можно ли надеяться?
Нет, жениться, надо, брат, на девушках».
Знаю, черт те что в постели делавших,
но умевших оставаться в девушках.
Ненавижу
       лживых и растленных
этих самых
         целок современных!
Ты для подлецов была удобная,
потому что ты такая добрая.
Как тебя марали
              и обмарывали,
как тебя,
       родимая,
             обманывали.

Скоро тридцать —
                никуда не денешься,
а душа твоя такая девичья!
Вот сидишь ты,
                добротой светясь,
вся полна застенчивым и детским.
Как же это:
                что тебе сейчас —
есть с кем спать,
                а просыпаться не с кем?!
Пусть тебе он все-таки встретится,
тот,
        кто добротой такой же светится.
Пусть хранит тебя
                не девственность детская,
а великая девственность —
                        женская.
Пусть щадит тебя
                тоска нещадная,
дорогая моя,
                нежная,
                        несчастная...
1957

ВАЛЬС НА ПАЛУБЕ

Спят на борту грузовики,
спят
     краны.
На палубе танцуют вальс
бахилы,
        кеды.
Все на Камчатку едут здесь —
в край
      крайний.
Никто не спросит: «Вы куда?» —
лишь:
      «Кем вы?»
Вот пожилой мерзлотовед.
Вот
    парни —
торговый флот — танцуют лихо:
есть
     опыт!
На их рубашках Сингапур,
пляж,
     пальмы,
а въелись в кожу рук металл,
соль,
     копоть.
От музыки и от воды
плеск,
     звоны.
Танцуют музыка и ночь
друг
    с другом.
И тихо кружится корабль,
мы,
    звезды,
и кружится весь океан
круг
    за кругом.
Туманен вальс, туманна ночь,
путь
    дымчат.
С зубным врачом танцует
кок
    Вася.

И Надя с Мартой из буфета
чуть
        дышат —
и очень хочется, как всем,
им
        вальса.
Я тоже, тоже человек,
и мне
            надо,
что надо всем.
                    Быть одному
мне
        мало.
Но не сердитесь на меня
вы,
        Надя,
и не сердитесь на меня
вы,
        Марта.
Да, я стою, но я танцую!
Я
    в роли
довольно странной, правда, я
в ней
        часто.
И на плече моем руки
нет
        вроде,
и на плече моем рука
есть
        чья-то.
Ты далеко, но разве это
так
        важно?
Девчата смотрят — улыбнусь
им
        бегло.
Стою — и все-таки иду
под плеск
            вальса.
С тобой иду!
                    И каждый вальс
твой,
        Белла!
С тобой я мало танцевал,

и лишь
   выпив,
и получалось-то у нас
так
  слабо.
Но лишь тебя на этот вальс
я
 выбрал.
Как горько танцевать с тобой!
Как
  сладко!
Курилы за бортом плывут...
В их складках
снег
  вечный.
А там, в Москве, — зеленый парк,
пруд,
  лодка.
С тобой катается мой друг,
друг
  верный.
Он грустно и красиво врет,
врет
  ловко.
Он заикается умело.
Он
 молит.
Он так богато врет тебе
и так
  бедно!
И ты не знаешь, что вдали,
там,
 в море,
с тобой танцую я сейчас
вальс,
  Белла.

1957

ПАТРИАРШИЕ ПРУДЫ

Туманны Патриаршие пруды.
Мир их теней загадочен и ломок,
и голубые отраженья лодок
видны на темной зелени воды.
Белеют лица в сквере по углам.
Сопя, ползет машина поливная,
смывая пыль с асфальта и давая
возможность отражения огням.
Скользит велосипед мой в полумгле.
Уж скоро два, а мне еще не спится,
и прилипают листья к мокрым спицам,
и холодеют руки на руле.
Вот этот дом, который так знаком!
Мне смотрят в душу пристально и долго
на белом полукружье номер дома
и лампочка под синим козырьком.
Я спрыгиваю тихо у ворот.
Здесь женщина живет — теперь уж с мужем
и дочкою, но что-то ее мучит
и что-то спать ей ночью не дает.
И видится ей то же, что и мне:
вечерний лес, больших теней смещенье,
и ландышей неверное свеченье,
взошедших из расщелины на пне,
и дальнее страдание гармошек,
и смех, и платье в беленький горошек,
вновь смех и все другое, из чего
у нас не получилось ничего...
Она ко мне приходит иногда:
«Я мимо шла. Я только на минуту»,—
но мне в глаза не смотрит почему-то
от странного какого-то стыда.
И исчезают вновь ее следы...

Вот эта повесть, ясная не очень.
Она туманна, как осенней ночью
туманны Патриаршие пруды.

1957

СИРЕНЬ

Вот полночь.
                    Вот за полночь.
Устал перечеркивать.
Берет меня за́ плечи
бессонница чертова.
Все зыбко, неистинно,
за что ни возьмешься.
Из дому!
                    Из дому!
Здесь
        невозможно!
«Москвич» мой отчаянный,
товарищ бывалый,
от дома отчаленный
плывет вдоль бульваров.
Но — липы и тополи,
зачем вы шумите?
Но — запахи тонкие,
зачем вы щемите?
Но — астры,
                    настурции,
маки,
        табак,
зачем вы,
                    настырные,
пахнете так?
Повсюду попарно
с руками в руках
девчата и парни
сидят в уголках.
Милиционеры
не смотрят на них.
Молитесь на нервы
таких постовых.
Над астрами,
                    каннами
они без девчат
в своих подстаканниках,
как ложки,
                    торчат.
Скорость убавил я —
лучше так.

73

Вдруг
       у «Балчуга»:
«Эй,
    левак!»
И на сиденье
плюхнулось —
              да как! —
чудное виденье,
в зубах «Дукат».
Какие то пьяные
в стекло стучались к ней.
Сказала:
       «Прямо.
К вокзалу —
          быстрей».
Поглядывал я искоса
и выжимал все сто.
От сигареты искорки
посверкивали зло.
И злость была в косынке,
до бровей как раз,
и злость была в косинке
полумонгольских глаз.
Вдруг выругалась:
              «Поздно».
И — сумку теребя:
«Ушел последний поезд.
Можно —
       у тебя?
Не бойся,
      не безденежна.
Я, парень, заплачу.
Только ты без этого —
страшно спать хочу».
Приехали.
      Усталая,
до детскости бледна,
из сумочки достала
чекушку она.
Ловко пробку выбила
и, прислонясь к стене,
сказала:
      «Парень, выпьем.
Конфеточки при мне.
Работаю я в «Балчуге».

Клиенты —
                будь здоров!
Писатели и банщики,
включая докторов.
На славу учит «Балчуг».
Ругаюсь —
            высший шик.
Ушла из меня баба.
Стала как мужик».

Уезжал я рано.
Ее будить не стал я.
Она спала так радостно,
как девочка усталая.
Исчезло то обычное,
что пило и грубило,
и что-то в ней обиженное
девочкино было.

И, возвратившись вечером,
суетою вымотанный,
увидел я —
                все светится,
все вычищено,
                вымыто.
И на столе застеленном
в пахучей тишине
стоит сирень,
            застенчивая,
как она во сне.
И пусть там,
            в этом «Балчуге»,
как оборотень — грусть,
вам,
      пьяницы и бабники,
ее мужская грубость.
Но здесь,
          мне боль залечивая,
тихонько,
            неторжественно
стоит ее застенчивая
простая нежность женская.

1958

МАША

Вдоль моря быстро девочка проходит,
бледнея, розовея и дичась.
В ней все восходит... Что с ней происходит?
В ней возникает женщина сейчас.

Она у моря тапочки снимает,
вступает, словно в музыку, в него,
и все она на свете понимает,
хотя не понимает ничего.

Рассудок трезвый, безрассудства масса,
взгляд из-под чуткой челки через всех,
и — снова вниз... Все это вместе — Маша,
серьезный большеглазый человек.

И у меня пересыхает нёбо,
когда, забыв про чей-то взрослый суд,
мальчишеские тоненькие ноги
ее ко мне беспомощно несут...

Я надеваю трубчатую маску.
Плывет и Маша где-то надо мной.
Я сквозь стекло ищу глазами Машу
среди цветов и крабов, как хмельной.

И вижу я в зеленой толще светлой
над бурою подводною грядой —
колышутся, как беленькие стебли,
мальчишеские ноги под водой.

И я плыву, плыву в подводных чащах,
плыву я, воду ластами кроя,
и я несчастлив оттого, что счастлив,
и снова счастлив, что несчастлив я.

Что мне сказать? Пусть не боится мама —
тебе не причиню я, Маша, зла.

Мне от тебя немного надо, Маша,
и очень много — чтобы ты была.

В раздумиях о вечности и смерти,
охваченный надеждой и тоской,
гляжу сквозь твое тоненькое сердце,
как сквозь прозрачный камушек морской.

1958

МОЙ ПЕС

В стекло уткнув свой черный нос,
все ждет и ждет кого-то пес.

Я руку в шерсть его кладу,
и тоже я кого-то жду.

Ты помнишь, пес, пора была,
когда здесь женщина жила.

Но кто же мне была она?
Не то сестра, не то жена.

А иногда, казалось, дочь,
которой должен я помочь.

Она далеко... Ты притих.
Не будет женщин здесь других.

Мой славный пес, ты всем хорош,
И только жаль, что ты не пьешь!

1958

ИЗ ДНЕВНИКА

Ну что же, брат,— вот зрелость и настала!
Ты юноша еще, но не юнец.
Уже далеким кажется начало.
Еще далеким кажется конец.
Какой ни есть, а опыт за плечами.
На нем раздумий зрелости печать.
Не в радости тот опыт, не в печали,
Две формы чистоты — печаль и радость.
когда они воистину чисты,
но в превращеньях — горькая отравность
и мелкие нечистые черты.

Благословен лишь тот, кто расстается
так чисто, как когда-то полюбил.
Стук туфелек все тех же раздается
в нем до конца, когда он не убил
натянутостью ложною, вселившей
неверие к себе и ко всему,
возможность слышать этот звук всевышний
и вечно благодарным быть ему.
Как туфельки твои ко мне стучали
в том сентябре — ночами, на заре!
И лампочка, чуть свет свой источая,
качалась в странном крошечном дворе,
и все вокруг светилось и качалось,
и было нам светло и высоко.
Не понимали мы, что все кончалось,
хотя бы тем, что начиналось все.
На бревнышках, под липами дремавших,
каких-то очень добрых и домашних,
в неизъяснимом шорохе ночном
сидели мы, не зная ни о чем.
И разве мы могли тогда представить
на бревнышках у стареньких ворот,
что он потом замкнется — круг предательств,
и наш разрыв тот круг не разорвет?!
О, этот страшный круг!
И только ли он в нас?!
Предательство ли рук?!
Предательство ли глаз?!
Предательство прудов!

Предательство аллей!
Предательство рядов!
И лип! И тополей!
Предательство и лет!
И лета! И зимы!
А бревнышки? О, нет!
Мы предали их, мы!
Пусть к ним приходят вновь,
пусть им не знать потерь...
А наша-то любовь?
Что стало с ней теперь?

Девочкой была огромноглазою,
а теперь — уже который год —
сквозь дурную славу громогласную,
опустив глаза, она идет.
Вот идет она, вот спотыкается,
всюду натыкается на тьму.
Пьяная — во всем ночами кается.
Трезвая — не скажет никому.
Не ищите в ней той прежней девочки.
Иссушила старость ей черты.
Это мы ее такою сделали,
мы ее убили — я и ты.

Так всё на свете убивают,
когда теряют чистоту,
и, как потом ни уповают,
все исчезает на лету.
О, как бы жить нам научиться,
чтоб не было себя нам жаль,
чтоб радость, расставаясь чисто,
дарила чистую печаль!
С тобою так нечисто мы расстались.
Бесстыдно, четко — как с дельцом делец.
Мы не расстались даже, а распались,
как что-то омертвевшее вконец.
Но, как и старцам, высохшим жестоко,
кробь юности их помнится всегда,
как память о прозрачности истока
хранит в низовьях мутная вода,
как помнят солнце города в тумане,
как снятся рощи вечной мерзлоте,

так смерть любви — не смерть воспоминаний
о той — первоначальной чистоте.
Кто еще помнит что-то — тот не нищий,
и поздней ночью где-то в глубине
он возникает, этот стук всевышний
все тех же самых туфелек, во мне.

1959

* * *

В румяном обществе юнца
она сидела в зале,
но все черты ее лица
меня на помощь звали.

Я подошел.
                    Поднес цветок.
Я поклонился,
                    выпил.
И комкала она платок,
и он все это видел.

Она была как в полусне.
Он ворошил котлету.
О, как завидовал он мне
и как скрывал он это!

Он молча встал из-за стола.
Она ко мне рванулась,
но все-таки за ним пошла,
пошла,
            не обернулась.

А он ей подал пальтецо,
герой ее романа,
и улыбнулся мне в лицо
жестоко и румяно.

1959

Как я мучаюсь — о Боже! —
не желаю и врагу.
Не могу уже я больше —
меньше тоже не могу.

Мучат бедность и безбедность,
мучат слезы, мучит смех,
и мучительна безвестность,
и мучителен успех.

Но имеет ли значенье
мое личное мученье?
Сам такой же — не иной,
как великое мученье,
мир лежит передо мной.

Как он мучится, огромный,
мукой светлой, мукой темной,
хочет жизни небездомной,
хочет счастья, хочет есть!..

Есть в мученье этом слабость,
есть в мученье этом сладость,
и какая-то в нем святость
удивительная есть...

1959

ОДИНОЧЕСТВО

Как стыдно одному ходить в кинотеатры
без друга, без подруги, без жены,
где так сеансы все коротковаты
и так их ожидания длинны!
Как стыдно —
        в нервной замкнутой войне
с насмешливостью парочек в фойе
жевать, краснея, в уголке пирожное,
как будто что-то в этом есть порочное...
Мы,
    одиночества стесняясь,
                  от тоски
бросаемся в какие-то компании,
и дружб никчемных обязательства кабальные
преследуют до гробовой доски.
Компании нелепо образуются —
в одних все пьют да пьют,
                  не образумятся.
В других все заняты лишь тряпками и девками,
а в третьих —
        вроде спорами идейными,
но приглядишься —
             те же в них черты...
Разнообразны формы суеты!
То та,
    то эта шумная компания...
Из скольких я успел удрать —
                не счесть!
Уже как будто в новом был капкане я,
но вырвался,
        на нем оставив шерсть.
Я вырвался!
      Ты спереди, пустынная
свобода...
        А на черта ты нужна!
Ты милая,
       но ты же и постылая,
как нелюбимая и верная жена.
А ты, любимая?
          Как поживаешь ты?
Избавилась ли ты от суеты?
И чьи сейчас глаза твои раскосые

и плечи твои белые роскошные?
Ты думаешь, что я, наверно, мщу,
что я сейчас в такси куда-то мчу,
но если я и мчу,

        то где мне высадиться?
Ведь все равно мне от тебя не высвободиться!
Со мною женщины в себя уходят,

                чувствуя,
что мне они сейчас такие чуждые.
На их коленях головой лежу,
но я не им —

        тебе принадлежу...
А вот недавно был я у одной
в невзрачном домике на улице Сенной.
Пальто повесил я на жалкие рога.
Под однобокой елкой

            с лампочками тускленькими,
посвечивая беленькими туфельками,
сидела женщина,

           как девочка, строга.
Мне было так легко разрешено
приехать,

      что я был самоуверен
и слишком упоенно современен —
я не цветы привез ей,

           а вино.
Но оказалось все —

          куда сложней...
Она молчала,

        и совсем сиротски
две капельки прозрачных —

               две сережки
мерцали в мочках розовых у ней.
И, как больная, глядя так невнятно,
поднявши тело детское свое,
сказала глухо:

        «Уходи...

             Не надо...
Я вижу —

      ты не мой,

          а ты — ее...»
Меня любила девочка одна
с повадками мальчишескими дикими,
с летящей челкой

          и глазами-льдинками,

от страха
и от нежности бледна.
В Крыму мы были.
Ночью шла гроза,
и девочка
под молниею магнийной
шептала мне:
«Мой маленький!
Мой маленький!» —
ладонью закрывая мне глаза.
Вокруг все было жутко
и торжес венно,
и гром,
и моря стон глухонемой,
и вдруг она,
полна прозренья женского,
мне закричала:
«Ты не мой!
Не мой!»
Прощай, любимая!
Я твой
угрюмо,
верно,
и одиночество —
всех верностей верней.
Пусть на губах моих не тает вечно
прощальный снег от варежки твоей.
Спасибо женщинам,
прекрасным и неверным,
за то,
что это было все мгновенным,
за то,
что их «прощай!» —
не «до свиданья!»,
за то,
что, в лживости так царственно горды,
даруют нам блаженные страданья
и одиночества прекрасные плоды.

1959

* * *

В. Барласу

Не важно —
        есть ли у тебя преследователи,
а важно —
        есть ли у тебя последователи.
Что стоит наше слово,
            если в нем,
заряженное жаждой пробужденья,
не скрыто семя будущих времен —
священная возможность продолженья?!
Твори, художник,
        мужествуй,
                гори
и говори!
        Да будет слово явлено,
простое и великое,
            как яблоко —
с началом яблонь будущих внутри!

1959

* * *

Сосулек тонкий звон, —
он так похож на стон,
на слабый стон во сне,
когда так сладок сон.

А женщина спешит.
Ее чуть-чуть смешит,
что так она спешит,
и чуточку страшит.

По льду стучит — чок-чок! —
отважный каблучок,
и дерзко набочок
мохнатый колпачок.

А за спиной — ни мук,
ни чьих-то лиц, ни рук,
ни встреч и ни разлук —
лишь этот властный звук!

Ее мальчишка ждет.
Его знобит и жжет.
И вот она идет —
как умирать идет.

Мальчишка этот стар.
Таким он рано стал.
Уже он сильно сдал —
он, как она, устал.

Два горя, две беды,
беспомощно горды,
молчат, стыдясь друг друга,
как в рот набрав воды.

Их двое — не одно,
и все в них стеснено,
но властно и темно
в разверстое окно,

как бы в открытый люк,
летит из марта вдруг

щемящий этот звук,
как слезы, чистый звук.

И руки в руки брать,
и в губы прядь вобрать,
все это — не играть,
а вместе умирать.

Но этот смертный час —
он — и рожденья час.
И, отпевая нас,
провозглашает нас,

летя со всех сторон,
похож на слабый стон,
когда так сладок сон,
сосулек тонкий звон!

1959

ДВЕРИ

Игрушечная сумочка в руках.
Глаза чуть удивленны и раскосы,
и рыжие колечки на висках,
похожие на рыжие вопросы.

Вот ее дом, глыбастый мрачный дом.
Напыщенно он смотрит и надуто.
Я никогда, как помню, не был в нем
и, слава Богу, никогда не буду.

Она со мной прощается в дверях,
целует в лоб и руку гладит нежно,
но мне в ее глазах спокойных нечто
внушает грусть, похожую на страх.

Не заглушить мне страх и не запить!
Я знаю эту женскую науку:
поцеловать, погладить нежно руку,
шагнуть за дверь и сразу все забыть.

Да, двери меня сделали мудрей.
Они жестоко мне преподавали.
Не раз по обе стороны дверей
меня так артистично предавали.

Играет в доме кто-то «до-ре-ми»,
и снова что-то я припоминаю...
Какая ты со мной — я это знаю.
Какая ты за этими дверьми?!

1959

УЛЫБКИ

У тебя было много когда-то улыбок:
удивленных, восторженных, лукавых улыбок,
порою чуточку грустных, но все-таки улыбок.

У тебя не осталось ни одной из твоих улыбок.
Я найду поле, где растут сотни улыбок.
Я принесу тебе охапку самых красивых улыбок.

А ты мне скажешь, что тебе не надо улыбок,
потому что ты слишком устала от чужих и моих улыбок.
Я и сам устал от чужих улыбок.

Я и сам устал от своих улыбок.
У меня есть много защитных улыбок,
делающих меня еще неулыбчивее — улыбок.

А в сущности, у меня нет улыбок.
Ты в моей жизни последняя из улыбок,
улыбка, на лице у которой никогда не бывает улыбок.

1959

Нет, нет,

      я не сюда попал.

Произошла нелепость.

          Я ошибся.

Случаен и в руке моей бокал.

Случаен и хозяйки взгляд пушистый.

«Станцуем, а?

      Ты бледен.

          Плохо спал...»

И чувствую,

      что никуда не денусь,

но говорю поспешно:

      «Я оденусь.

Нет, нет,

      я не сюда попал...»

А вслед:

      «Вот до чего вино доводит...

Как не сюда —

      да именно сюда.

Расстроил всех собою и доволен.

С тобою просто, Женечка, беда».

В карманы руки зябкие засовываю,

а улицы кругом снежным-снежны.

В такси ныряю.

      «Шеф, гони!

          За Соколом

есть комнатка.

      Там ждать меня должны».

Мне открывает дверь она,

      но что такое с нею

и что за странный взгляд?

      «Уж около пяти.

Не мог бы ты прийти

      еще позднее?

Ну что ж, входи...

      Куда теперь идти».

Расхохочусь,

      а может быть, расплачусь?

Стишки кропал,

      а вышло, что пропал.

От глаз я прячусь,

      зыбко-зыбко прячусь:

«Нет, нет
           я не сюда попал».
И снова ночь,
             и снова снег,
и чья-то песня наглая,
и чей-то чистый-чистый смех,
и закурить бы надо...
В пурге мелькают пушкинские бесы,
и страшен их насмешливый оскал.
Страшны ларьки,
               аптеки и собесы...
Нет, нет
         я не сюда попал.
Нет, нет,
          я не сюда попал.
Иду,
     сутуля плечи,
как будто что-то проиграл
и расплатиться нечем.

1959

НАСТЯ КАРПОВА

Настя Карпова,
        наша деповская,
говорила мне, пацану:
«Чем же я им всем не таковская?
Пристают они почему?
Неужели нету понятия —
только Петька мне нужен мой.
Поскорей бы кончалась, проклятая...
Поскорей бы вернулся домой...»
Настя Карпова,
        Настя Карпова!
Как светились ее черты!
Было столько в глазах ее карего,
что почти они были черны!
Приставали к ней,
        приставали,
с комплиментами каждый лез.
Увидав ее,
        привставали
за обедом смазчики с рельс.
А один интендант военный,
в чай подкладывая сахарин,
с убежденностью откровенной
звал уехать на Сахалин:
«Понимаете,
        понимаете —
это вы должны понимать.
Вы всю жизнь мою поломаете,
а зачем ее вам ломать!»
Настя голову запрокидывала,
хохотала и чай пила.
Столько баб ей в Зиме завидовало,
что такая она была!
Настя Карпова,
        Настя Карпова,
сколько —
      помню —
           со всех сторон
над твоей головою каркало
молодых и старых ворон!
Сплетни,
      сплетни, ее обличавшие,

становились все злей и злей.
Все,

     отпор ее получавшие,
мстили сплетнями этими ей.
И когда в конце сорок третьего
прибыл раненый муж домой,
он сначала со сплетнями встретился,
а потом уже с Настей самой.
Верят сплетням сильней,

                    чем любимым.
Он собой по-солдатски владел.
Не ругал ее и не бил он,
тяжело и темно глядел.
Складка

      лба поперек

            волевая.
Планки орденские на груди.
«Все вы тут,

         пока мы воевали...
Собирай свои шмотки.

              Иди».
Настя встала, как будто при смерти,
будто в обмороке была,
и беспомощно слезы брызнули,
и пошла она,

         и пошла...
Шла она

      от дерева

           к дереву
посреди труда и войны
под ухмылки прыщавого деверя
и его худосочной жены.
Шла потерянно.

           Ноги не слушались,
и, пробив мою душу навек,
тяжело ее слезы рушились,
до земли

      пробивая

         снег...

1960

* * *

Когда взошло твое лицо
над жизнью скомканной моею,
вначале понял я лишь то,
как скудно все, что я имею.

Но рощи, реки и моря
оно особо осветило
и в краски мира посвятило
непосвященного меня.

Я так боюсь, я так боюсь
конца нежданного восхода,
конца открытий, слез, восторга,
но с этим страхом не борюсь.

Я помню — этот страх
и есть любовь. Его лелею,
хотя лелеять не умею,
своей любви небрежный страж.

Я страхом этим взят в кольцо.
Мгновенья эти — знаю — кратки,
и для меня исчезнут краски,
когда зайдет твое лицо...

1960

ЗАКЛИНАНИЕ

Весенней ночью думай обо мне
и летней ночью думай обо мне,
осенней ночью думай обо мне
и зимней ночью думай обо мне.
Пусть я не там с тобой, а где-то вне,
такой далекий, как в другой стране, —
на длинной и прохладной простыне
покойся, словно в море на спине,
отдавшись мягкой медленной волне,
со мной, как с морем, вся наедине.

Я не хочу, чтоб думала ты днем.
Пусть день перевернет все кверху дном,
окурит дымом и зальет вином,
заставит думать о совсем ином.
О чем захочешь, можешь думать днем,
а ночью — только обо мне одном.

Услышь сквозь паровозные свистки,
сквозь ветер, тучи рвущий на куски,
как надо мне, попавшему в тиски,
чтоб в комнате, где стены так узки,
ты хмурилась от счастья и тоски,
до боли сжав ладонями виски.

Молю тебя — в тишайшей тишине,
или под дождь, шумящий в вышине,
или под снег, мерцающий в окне,
уже во сне и все же не во сне —
весенней ночью думай обо мне
и летней ночью думай обо мне,
осенней ночью думай обо мне
и зимней ночью думай обо мне.

1960

ПАРИЖСКИЕ ДЕВОЧКИ

Какие девочки в Париже,

          черт возьми!
И черт —

          он с удовольствием их взял бы!
Они так ослепительны,

          как залпы
средь фейерверка уличной войны.
Война за то, чтоб, царственно курсируя,
всем телом ощущать, как ты царишь.
Война за то, чтоб самой быть красивою,
за то, чтоб стать «мадмуазель Париж»!
Вон та —

          та с голубыми волосами
в ковбойских брючках там на мостовой!
В окно автобуса по пояс вылезаем,
да так, что гид качает головой.
Стиляжек наших платья —

          дилетантские.
Тут черт те что!

          Тут все наоборот!
И кое-кто из членов делегации,
про «бдительность» забыв, разинул рот.
Покачивая мастерски боками,
они плывут,

          загадочны, как Будды,
и, будто бы соломинки в бокалах,
стоят в прозрачных телефонных будках.
Вон та идет —

          на голове папаха.
Из-под папахи чуб

          лилово-рыж.
Откуда эта?

          Кто ее папаша?
Ее папаша —

          это сам Париж.
Но что это за женщина вон там
по замершему движется Монмартру?
Всей Франции

          она не по карману.
Эй, улицы,

          понятно это вам?!
Ты, не считаясь ни чуть-чуть с границами,

идешь Парижем,
                ставшая судьбой,
с глазами красноярскими гранитными
и шрамом
          чуть заметным над губой.
Вся строгая,
          идешь средь гама яркого,
и, если бы я был сейчас Париж,
тебе я, как Парис,
                поднес бы яблоко,
хотя я, к сожаленью, не Парис.
Какие девочки в Париже —
                        ай-ай-ай!
Какие девочки в Париже —
                    просто жарко!
Но ты не хмурься на меня
                    и знай:
ты — лучшая в Париже
                парижанка!

1960

* * *

Не мучай волосы свои.
Дай им вести себя как хочется!
На грудь и плечи их свали —
пусть им смеется и хохочется.

Пусть, вырвавшись из шпилек, гребней,
как черный водопад, летят
и все в какой-то дреме древней,
дремучей дреме поглотят.

Путь в черной раме их колышущейся,
и если вслушаться, то слышащейся,
полны неверного и верного
и тайны века и веков,
горят два глаза цвета вербного
с рыжинкою вокруг зрачков!

В саду, ветвями тихо машущем,
тобой, как садом, обнесен,
я буду слушать малым мальчиком
сквозь чуткий сон, бессонный сон
в каком-то возвращенном возрасте
счастливо дремлющих щенят,
как надо мною твои волосы,
освобожденные, шумят...

1960

Я старше себя на твои тридцать три,
и все, что с тобою когда-нибудь было,
и то, что ты помнишь, и то, что забыла,
во мне словно камень, сокрытый внутри.

Во мне убивают отца твоего,
во мне твою мать на допросы таскают.
Во мне твои детские очи тускнеют,
когда из лекарств не найти ничего.

Во мне ты впервые глядишь на себя
в зеркальную глубь не по-детски — по-женски,
во мне в боязливо-бесстрашном блаженстве
холодные губы даешь, не любя.

А после ты любишь, а может быть, нет,
а после не любишь, а может быть, любишь,
и листья и лунность меняешь на людность,
на липкий от водки и «Тетры» паркет.

В шитье и английском ты ищешь оград,
Бросаешься нервно в какую-то книгу.
Бежишь, словно в церковь, к Бетховену, Григу,
со стоном прося об охране орган.

Но скрыться тебе никуда не дают.
Тебя возвращают в твой быт по-кулацки,
и видя, что нету в тебе покаянья,
тебя по-кулацки — не до смерти — бьют.

Ты молча рыдаешь одна в тишине,
рубашки, носки ненавидяще гладя,
и мартовской ночью, невидяще глядя,
как будто во сне, ты приходишь ко мне.

Потом ты больна, и, склонясь над тобой,
колдуют хирурги, как белые маги,
а в окнах, уже совершенно по-майски,
апрельские птицы галдят вперебой.

Ты дважды у самой последней черты,
но все же ты борешься, даже отчаясь,

и после выходишь, так хрупко качаясь,
как будто вот-вот переломишься ты.

Живу я тревогой и болью двойной.
Живу твоим слухом, твоим осязаньем,
живу твоим зреньем, твоими слезами,
твоими словами, твоей тишиной.

Мое бытие — словно два бытия.
Два прошлых мне тяжестью плечи согнули.
И чтобы убить меня, нужно две пули:
две жизни во мне — и моя, и твоя.

1960

Ты начисто притворства лишена,
когда молчишь со взглядом напряженным,
как лишена притворства тишина
беззвездной ночью в городе сожженном.

Он, этот город,— прошлое твое.
В нем ты почти ни разу не смеялась,
бросалась то в шитье, то в забытье,
то бунтовала, то опять смирялась.

Ты жить старалась из последних сил,
но, отвергая все живое хмуро,
он, этот город, на тебя давил
угрюмостью своей архитектуры.

В нем изнутри был заперт каждый дом.
В нем было все недобро умудренным.
Он не скрывал свой тягостный надлом
и ненависть ко всем, кто не надломлен.

Тогда ты ночью подожгла его.
Испуганно от пламени метнулась,
и я был просто первым, на кого
ты, убегая, в темноте наткнулась.

Я обнял всю дрожавшую тебя,
и ты ко мне безропотно прижалась,
еще не понимая, не любя,
но, как зверек, благодаря за жалость.

И мы с тобой пошли... Куда пошли?
Куда глаза глядят. Но то и дело
оглядывалась ты, как там, вдали,
зловеще твое прошлое горело.

Оно сгорело до конца, дотла.
Но с той поры одно меня тиранит:
туда, где неостывшая зола,
тебя, как зачарованную, тянет.

И вроде ты со мной, и вроде нет.
На самом деле я тобою брошен.

Неся в руке голубоватый свет,
по пепелищу прошлого ты бродишь.

Что там тебе? Там пусто и темно!
О, прошлого таинственная сила!
Ты не могла любить его само,
ну а его руины — полюбила.

Могущественны пепел и зола.
Они в себе, наверно, что-то прячут.
Над тем, что так отчаянно сожгла,
по-детски поджигательница плачет.

1960

НЕ НАДО

Не надо...
           Все призрачно — и темных окон матовость,
и алый снег за стоп-сигналами машин.
Не надо...
    Все призрачно, как сквер туманный мартовский,
где нет ни женщин, ни мужчин —
                          лишь тени женщин и мужчин.
Не надо...
           Стою у дерева, молчу и не обманываю,
гляжу, как сдвоенные светят фонари,
и тихо трогаю рукой,
                     но не обламываю
сосульку тоненькую с веточкой внутри.
Не надо...
    Пусть в бултыхающемся заспанном трамваишке
с Москвой, качающейся мертвенно в окне,
ты,
    подперев щеку рукою в детской варежке,
со злостью женской вспоминаешь обо мне.
Не надо...
    Ты станешь женщиной, усталой умной женщиной,
по слову доброму и ласке голодна,
и будет март,
              и будет мальчик, что-то шепчущий,
и будет горестно кружиться голова.
Не надо...
           Пусть это стоит, как и мне, недешево,
с ним не броди вдвоем по мартовскому льду,
ему на плечи свои руки ненадежные
ты не клади,
            как я сегодня не кладу.
Не надо...
           Не верь, как я не верю, призрачному городу,
не то, очнувшись,
                  ужаснешься пустырю.
Скажи: «Не надо...» —
                     опустивши низко голову,
Как я тебе сейчас
                 «не надо...»
                              говорю.

1960

ТАЙНЫ

Тают отроческие тайны,
как туманы на берегах...
Были тайнами — Тони, Тани,
даже с цыпками на ногах.

Были тайнами звезды, звери,
под осинами стайки опят,
и скрипели таинственно двери —
только в детстве так двери скрипят.

Возникали загадки мира,
словно шарики изо рта
обольстительного факира,
обольщающего неспроста.

Мы таинственно что-то шептали
на таинственном льду катка,
и пугливо, как тайна к тайне,
прикасалась к руке рука...

Но пришла неожиданно взрослость.
Износивший свой фрак до дыр,
в чье-то детство, как в дальнюю область,
гастролировать убыл факир.

Мы, как взрослые, им забыты.
Эх, факир, ты плохой человек.
Нетаинственно до обиды
нам на плечи падает снег.

Где вы, шарики колдовские?
Нетаинственно мы грустим.
Нетаинственны нам другие,
да и мы нетаинственны им.

Ну, а если рука случайно
прикасается, гладя слегка,

это только рука, а не тайна,
понимаете — только рука!

Дайте тайну простую-простую,
тайну — робость и тишину,
тайну худенькую, босую...
Дайте тайну — хотя бы одну!

1960

В вагоне шаркают и шамкают
и просят шумно к шалашу.
Слегка пошатывает шахматы,
а я тихонечко пишу.

Я вспоминаю вечерение
еще сегодняшнего дня,
и медленное воцарение
дыханья около меня.

Пришла ко мне ты не от радости —
ее почти не помнишь ты,
а от какой-то общей ревности,
от страшной общей немоты.

Пришла разумно и отчаянно.
Ты, непосильно весела,
за дверью прошлое оставила
и снова в прошлое вошла.

И, улыбаясь как-то сломанно
и плача где-то в глубине,
маслины косточку соленую
губами протянула мне.

И, устремляясь все ненадошней
к несуществующему дну,
как дети, мы из двух нерадостей
хотели радость — хоть одну.

Но вот с тетрадочкой зеленою
на верхней полке я лежу.
Маслины косточку соленую
я за щекой еще держу.

Я уезжаю от бездонности,
как будто есть чему-то дно.
Я уезжаю от бездомности,
хотя мне это суждено.

А ты в другом каком-то поезде
в другие движешься края.

Прости меня, такая поздняя,
за то, что тоже поздний я.

Еще мои воспринимания
меня, как струи, обдают.
Еще во мне воспоминания,
как в церкви девочки, поют.

Но помню я картину вещую,
предпосланную всем векам.
Над всей вселенною, над вечностью
там руки тянутся к рукам.

Художник муку эту чувствовал.
Насколько мог, он сблизил их.
Но все зазор какой-то чутошный
меж пальцев — женских и мужских.

И в нас все это повторяется,
как с кем-то много лет назад.
Друг к другу руки простираются,
и пальцев кончики кричат.

И, вытянутые над бездною,
где та же, та же немота,
не смогут руки наши бедные
соединиться никогда.

1960

НА МОСТУ

Б. Левинсону

Женщина с мужчиною одни
на мосту у сонной синей Сены —
над пустынным смыслом толкотни,
над огнями призрачными всеми.
Где-то там сменяются правительства,
кто-то произносит речи мудрые.
Это им отсюда еле видится,
словно Сена,

        зыбкая и смутная.
Так стоят без слов,

        без целования
под плащом прозрачным до зари,
будто бы в пакете целлофановом
всей Земле

        подарок от Земли!
Дай нам Бог —

        ни дома и ни прибыли,
ни тупой уютности в быту.
Дай нам Бог,

        чтоб, где с тобою ни были,
мы всегда стояли на мосту.
На мосту,

        навеки в небо врезанном,
на мосту,

        чья суть всегда свята,
на мосту,

        простертом надо временем,
надо всем,

        что ложь и суета.

1960

ПЕСНЯ СОЛЬВЕЙГ

Лежу, зажмурившись,
                в пустынном номере,
а боль горчайшая,
                а боль сладчайшая.
Меня, наверное,
              внизу там поняли —
ну не иначе же,
             ну не случайно же.

Оттуда, снизу,
            дыханьем сосен
из окон
        маленького ресторана
восходит,
         вздрагивая,
                 песня Сольвейг.
Восходит призрачно,
              восходит странно.

Она из снега,
            она из солнца.
Не прекращайте —
             прошу я очень!
Всю ночь играйте мне
                песню Сольвейг.
Все мои ночи!
              Все мои ночи!

Она из снега...
            Она из солнца...
Пусть неумело
           и пусть несмело
всю жизнь играют мне
                песню Сольвейг —
ведь даже лучше,
           что неумело.

Когда умру —
           а ведь умру я,
а ведь умру я —
             уж так придется.

С такой застенчивостью
                                    себя даруя,
пусть и под землю
                            она пробьется.

Она из снега,
                        она из солнца...
Пусть, заглушая все взрывы,
                                            бури,
всю смерть играют мне
                                песню Сольвейг,
но это смертью
                        уже не будет.

1960

* * *

Эта женщина

         любит меня,

но канаты к другому не рубит.

Эта женщина

         губит меня

тем,

     что любит она —

                как не любит.

Ей работа моя чужда.

Ей товарищи мои чужды.

Не скажу,

      что это вражда.

Ведь вражда —

           это все-таки чувство.

Просто ей все равно,

           все равно!

Это детская —

      что ли —

             жестокость.

Ну а сколько ей Богом дано:

и талант,

       и редчайшая тонкость!

Необычны

      и странны черты.

Вдохновенно лицо ее выдумано.

Только Бог ей не дал доброты —

поленился на старости, видно.

Что ей строгих товарищей суд!

Черт возьми —

        она самородок!

И ее,

   восторгаясь,

           несут

пароходы

     и самолеты.

Если боль или радость вокруг —

ничего она знать не хочет.

Если мать больна или друг —

так же звонко она хохочет.

Но когда-нибудь

         в тишине,

вынимая устало сережки,

вдруг припомнит она обо мне,
и глаза ее станут серьезны.
Загрустит,

       головенку склоня.
Пусть грустит —

           ее не убудет.
С этой женщиной у меня
никогда

      ничего

         не будет.

1960

ЖЕНЩИНА И МОРЕ

Над морем —
                молнии.
Из глубины
взмывают мордами
к ним
        лобаны.
Нас в лодке пятеро.
За пядью —
             пядь.
А море спятило,
относит вспять.
Доцентик химии
под ливнем плещущим
так прячет
          хилые
свои плечики.
Король пинг-понга
в техасских джинсах
вдруг,
      как поповна,
крестясь,
         ложится.
Культурник Миша
дрожит,
        как мышь.
Где его мышцы?
Что толку с мышц?!
Все смотрят жертвенно,
держась за сердце...
И вдруг —
        та женщина
на весла села!
И вот над веслами,
над кашей чертовой
возникли волосы,
как факел черный.
Вошла ей в душу
игра —
        игла.
Рыбачкой дюжей
она гребла.
Гребла загадка

для волн
                и нас,
вся —
        из загара
и рыжих глаз.
Ей,
    медной,
              мокрой,
простой,
          как Маугли,
и мало —
            молний!
И моря —
            мало!
Всего, что било,
всего, что мяло,
ей мало было!
Да!
    Мало!
              Мало!
Уже не барышней
кисейной,
              чопорной,—
доцентик
            баночкой
полез вычерпывать.
Король пинг-понга
под рев неистовый
вдруг стал
              приподнято
свой «рок» насвистывать.
Культурник вспомнил,
что он —
            мужчина...
Всех,
      с морем в споре,
она
    учила!
А море бухало
о буты
        бухты.
Мы были
            будто
бунт
    против бунта!

Летя сквозь волны,
в бою блаженствуя,
мы были —
                воины,
и вождь наш —
                женщина!
В любые трудности,
в любые сложности,
когда по трусости
мы станем ежиться,—
на все пошедшие,
сильны,
        смешливы,
напомнят женщины,
что мы —
            мужчины!
Всего,
        что мяло
и что ломало,
нам станет мало!
Да —
        мало!
                Мало!

1960

СОН В АФРИКЕ

Мне снится этот дальний человек.
Он от меня тебя уводит, дальнюю,
за джунглями,
                    за дюнами и дамбами,
за тысячами тысяч разных рек.
Исполненный неправой правоты,
тебя ведет он за собою следом,
и, словно заколдованная,
                                ты
идешь за ним под мокрым русским снегом.
Что делать мне с тобой?
                            Я разложу
на берегу, где зной и только пляски,
из кожи крокодиловой джу-джу
и буду колдовать по-тоголезски.
Но как мне,
            как приворожить тебя?
Какого цвета дымом или знаком?
Не знаю я.
            Плохой я, видно, знахарь,
как ни колдую,
                    сам с собой темня.
О, колдуны,
            седые колдуны
на шкурах антилоп в белесых пятнах,
ее глаза,
            как ваши,
                        холодны,
и действия,
            как ваши,
                        непонятны.
Колдуньи неподвластны ворожбе.
Но он околдовал ее,
                    тот дальний.
Вы помогите ей,
                многострадальной,
ко мне вернуться
                    и к самой себе.
О, идолы,
            владыки древних джунглей!
Базальтовые головы склоня,
молитвою возвышенной и жуткой

молитесь за нее и за меня
О, звери джунглей —

обезьяны, тигры,
ручные дети Африки родной,
рядами на колени встаньте тихо,
просите,

чтоб она была со мной!
Но ты уходишь с человеком тем
среди московских,

так недостижимых
снижающихся медленно снежинок,
и в них

ты растворяешься,

как тень.
Уходишь ты.

Твои глаза —

две тайны.
Ты,

ледяная вся,

идешь в снегу.
Всей Африкой дыша,

тебя оттаиваю
и все никак оттаять

не могу.

1961

МУСЬКА

Ах, Муська, Муська
с конфетной фабрики!
Под вечер — музыка,
бокалы, бабники...

Блатные с Лаврского,
блатные с Троицкого
смотрели ласково:
«К вам как пристроиться?»

Юнец, иконочки
загнав туристу,
в кафе икорочки
ей брал зернистой.

Командировочные
ей губы муслили:
«А ну-ка, Мусенька!
Станцуем, Мусенька!»

Ах, эти сволочи
с их улыбками,
с такси и с водочкой,
с руками липкими,
с хрустеньем денег
и треском карт,
с восторгом: «Детка,
ты чудный кадр!»

И вдруг он, верящий
большой и добрый.
Какой-то бережный,
как будто доктор.

Он в рыбном учится.
Он любит Глюка.
Он, в общем умница,
но с Муськой — глупый.

Как льдинку хрупкую,
весь угловатый,

хотел он руку
поцеловать ей.

Та чуть не плакала,
что счастье выпало,
а руку прятала:
там якорь выколот.

Вбежала Муська,
упала сразу,
а в сердце — мука
и сладость, сладость.

У Муськи в комнатке
рядком устроились
на стенке комики
с Лолитой Торрес.

Рыдает Муська
легко, открыто.
Смеется Муська:
«Живем, Лолита!»

1961

* * *

Всегда найдется женская рука,
чтобы она, прохладна и легка,
жалея и немножечко любя,
как брата, успокоила тебя.

Всегда найдется женское плечо,
чтобы в него дышал ты горячо,
припав к нему беспутной головой,
ему доверив сон мятежный свой.

Всегда найдутся женские глаза,
чтобы они, всю боль твою глуша,
а если и не всю, то часть ее,
увидели страдание твое.

Но есть такая женская рука,
которая особенно сладка,
когда она измученного лба
касается, как вечность и судьба.

Но есть такое женское плечо,
которое неведомо за что
не на́ ночь, а навек тебе дано,
и это понял ты давным-давно.

Но есть такие женские глаза,
которые глядят всегда грустя,
и это до последних твоих дней
глаза любви и совести твоей.

А ты живешь себе же вопреки,
и мало тебе только той руки,
того плеча и тех печальных глаз...
Ты предавал их в жизни столько раз!

И вот оно — возмездье — настает.
«Предатель!» — дождь тебя наотмашь бьет.
«Предатель!» — ветки хлещут по лицу.
«Предатель!» — эхо слышится в лесу.

Ты мечешься, ты мучишься, грустишь.
Ты сам себе все это не простишь.
И только та прозрачная рука
простит, хотя обида и тяжка,

и только то усталое плечо
простит сейчас, да и простит еще,
и только те печальные глаза
простят все то, чего прощать нельзя.

1961

ЖЕНЩИНАМ

Женщины, вы все, конечно, слабые!
Вы уж по природе таковы.
Ваши позолоченные статуи
со снопами пышными — не вы.

И когда я вижу вас над рельсами
с ломами тяжелыми в руках,
в сердце моем боль звенит надтреснуто:
«Как же это вам под силу, как?»

А девчонки с ломами веселые:
«Ишь, жалетель! Гляньте-ка, каков!»
И глаза синющие высовывают,
шалые глаза из-под платков.

Женщин в геологию нашествие.
Что вы, право, тянетесь туда?
Это дело наше, а не женское.
Для мужчин, а не для вас тайга.

Но идёте, губы чуть прикусывая,
не боясь загара и морщин,
и, от ветки кедровой прикуривая,
шуткой ободряете мужчин.

Вы, хозяйки нервные домашние,
так порой на все ворчите зло
над супами, над бельем дымящимся...
Как в тайге, на кухне тяжело.

Но помимо этой горькой нервности,
слезы вызывающей подчас,
сколько в вас возвышенности, нежности,
сколько героического в вас!

Я не верю в слабость вашу, жертвенность.
От рожденья вы не таковы.
Женственней намного ваша женственность
оттого, что мужественны вы.

Я люблю вас нежно и жалеюще,
но на вас, завидуя, смотрю.
Лучшие мужчины — это женщины.
Это я вам точно говорю!

1961

* * *

С. Преображенскому

Людей неинтересных в мире нет.
Их судьбы — как истории планет.
У каждой все особое, свое,
и нет планет, похожих на нее.

А если кто-то незаметно жил
и с этой незаметностью дружил,
он интересен был среди людей
самой неинтересностью своей.

У каждого — свой тайный личный мир.
Есть в мире этом самый лучший миг.
Есть в мире этом самый страшный час,
но это все неведомо для нас.

И если умирает человек,
с ним умирает первый его снег,
и первый поцелуй, и первый бой...
Все это забирает он с собой.

Да, остаются книги и мосты,
машины и художников холсты,
да, многому остаться суждено,
но что-то ведь уходит все равно!

Таков закон безжалостной игры.
Не люди умирают, а миры.
Людей мы помним, грешных и земных.
А что мы знали, в сущности, о них?

Что знаем мы про братьев, про друзей,
что знаем о единственной своей?
И про отца родного своего
мы, зная все, не знаем ничего.

Уходят люди... Их не возвратить.
Их тайные миры не возродить.
И каждый раз мне хочется опять
от этой невозвратности кричать.

1961

126

* * *

Ты — не его и не моя.
Свобода — вот закон твой жесткий.
Ты просто-напросто ничья,
как дерево на перекрестке.

Среди жары и духоты
ты и для тени непригодна,
и запыленные листы
глядят мертво и неприродно.

Вот разве тронет кто рукой,
но кто — рассеянный подросток,
да ночью пьяница какой
щекою о кору потрется...

Ты не унизилась, чтоб стать
влюбленной, безраздельно чьей-то.
Считаешь ты, что это честно,
хоть честность и не благодать.

Но так ли уж горда собой,
без сна, младенчески святого,
твоя надменная свобода
ночами плачет над собой?!

1962

ОНА

Она?
     Не может быть,
               чтобы она...
Но нет —
        она!
           Нет —
               не она!
                      Как странно
с ней говорить
             учтиво и пространно,
упоминая чьи-то имена,
касаться мимоходом общих тем
и вместе возмущаться
                чем-то искренне,
поверхностно шутить,
            а между тем
следить за нею,
          но не прямо —
                    искоса.
Сменилась ее толстая коса
прическою с продуманной чудинкою,
и на руке —
             продуманность кольца,
где было только пятнышко чернильное.
Передает привет моим друзьям.
Передаю привет ее подругам.
Продумана во всем.
           Да я и сам,
ей помогая,
         тщательно продуман.
Прощаемся.
        Ссылаемся
              (зачем?)
на дел каких-то неотложных
                 важность.
Ее ладони
        неживую влажность
я чувствую в руке,
          ну а затем
расходимся...
        Ни я
           и ни она

не обернемся.
                Мы друзья.
                        Мы квиты.
Но ей, как мне, наверно,
                мысль страшна,
что, может, в нас
                еще не все убито.
И так же, —
        чтоб друг друга пощадить,
при новой встрече
                в этом веке сложном
мы сможем поболтать
                и пошутить
и снова разойтись...
                А вдруг не сможем?!
1962

Нет, мне ни в чем не надо половины!
Мне — дай все небо! Землю всю положь!
Моря и реки, горные лавины
мои — не соглашаюсь на дележ!

Нет, жизнь, меня ты не заластишь частью.
Все полностью! Мне это по плечу!
Я не хочу ни половины счастья,
ни половины горя не хочу!

Хочу лишь половину той подушки,
где, бережно прижатое к щеке,
беспомощной звездой, звездой падучей
кольцо мерцает на твоей руке...

1963

ЗРЕЛОСТЬ ЛЮБВИ?

Значит, «зрелость любви»?

                     Это что ж?

Вот я сжался,

        я жду.

               Ты идешь.

Встреча взглядов!

             Должен быть вздрог!

Но — покой...

           Как удар под вздох!

Встреча пальцев!

             Должен быть взрыв!

Но — покой...

           Я бегу, чуть не взвыв.

Значит, все —

           для тебя и меня?

Значит, пепел —

             зрелость огня?

Значит, зрелость любви —

                  просто родственность,

да и то —

           еще в лучшем случае?

Это кто ж над нами юродствует,

усмехаясь усмешкой злючею?

Кто же выдумать мог посметь

лживый термин

             в холодной умелости?

У любви есть

           рожденье и смерть.

У любви не бывает зрелости.

1963

ЗАЧЕМ ТЫ ТАК?

Когда радист «Моряны», горбясь,
искал нам радиомаяк,
попал в приемник женский голос:
«Зачем ты так? Зачем ты так?»

Она из Амдермы кричала
сквозь мачты, льды и лай собак,
и, словно шторм, кругом крепчало:
«Зачем ты так? Зачем ты так?»

Давя друг друга нелюдимо,
хрустя друг другом так и сяк,
одна другой хрипели льдины:
«Зачем ты так? Зачем ты так?»

Белуха в море зверобою
кричала, путаясь в сетях,
фонтаном крови, всей собою:
«Зачем ты так? Зачем ты так?»

Ну, а его волна рябая
швырнула с лодки, и бедняк
шептал, бесследно погибая:
«Зачем ты так? Зачем ты так?»

Я предаю тебя, как сволочь,
и нет мне удержу никак,
и ты меня глазами молишь:
«Зачем ты так? Зачем ты так?»

Ты отчужденно и ненастно
глядишь — почти уже как враг,
и я молю тебя напрасно:
«Зачем ты так? Зачем ты так?»

И все тревожней год от году
кричат, проламывая мрак,
душа — душе, народ — народу:
«Зачем ты так? Зачем ты так?»

1964

ЛЮБИМАЯ, СПИ...

Соленые брызги блестят на заборе.
Калитка уже на запоре.
          И море,
дымясь, и вздымаясь, и дамбы долбя,
соленое солнце всосало в себя.
Любимая, спи...
          Мою душу не мучай.
Уже засыпают и горы и степь.
И пес наш хромучий,
          лохмато-дремучий,
ложится и лижет соленую цепь.
И море — всем топотом,
          и ветви — всем ропотом,
и всем своим опытом —
          пес на цепи,
а я тебе — шепотом,
          потом — полушепотом,
потом — уже молча:
          «Любимая, спи...»

Любимая, спи...
          Позабудь, что мы в ссоре.
Представь:
       просыпаемся,
          свежесть во всем.
Мы в сене.
       Мы сони,
          и дышит мацони
откуда-то снизу,
          из погреба, —
             в сон.
О, как мне заставить
          все это представить
тебя, недоверу?
          Любимая, спи...
Во сне улыбайся
          (все слезы отставить!),
цветы собирай
          и гадай, где поставить,
и множество платьев красивых купи.
Бормочется?
          Видно, устала ворочаться?

Ты в сон завернись
                    и окутайся им.
Во сне можно делать все то, что захочется,
все то,
        что бормочется,
                        если не спим.
Не спать безрассудно
                      и даже подсудно —
ведь все, что подспудно,
                        кричит в глубине.
Глазам твоим трудно.
                      В них так многолюдно.
Под веками легче им будет во сне.
Любимая, спи...
                Что причина бессонницы?
Ревущее море?
              Деревьев мольба?
Дурные предчувствия?
                      Чья-то бессовестность?
А может, не чья-то,
                    а просто моя?
Любимая, спи...
                Ничего не попишешь,
но знай,
        что невинен я в этой вине.
Прости меня — слышишь? —
                          люби меня — слышишь? —
хотя бы во сне,
                хотя бы во сне!
Любимая, спи...
                Мы на шаре земном,
свирепо летящем,
                  грозящем взорваться, —
и надо обняться,
                  чтоб вниз не сорваться,
а если сорваться —
                    сорваться вдвоем.

1964

БАЛЛАДА О СТЕРВЕ

Она была первой,
    первой,
      первой
кралей в архангельских кабаках.
Она была стервой,
     стервой,
       стервой
с лаком серебряным на коготках.
Что она думала,
    дура,
     дура,
кто был действительно ею любим?
...Туфли из Гавра,
      бюстгальтер из Дувра
и комбинация с Филиппин.
Когда она павой,
    павой,
     павой
с рыжим норвежцем шла в ресторан,
муж ее падал,
    падал,
     падал
на вертолете своем в океан.
Что же молчишь ты?
     Танцуй,
      улыбайся!..
Чудится ночью тебе, как плывет
мраморный айсберг,
     айсберг,
      айсберг,
ну а внутри его — тот вертолет.
Что ж ты не ищешь
    разгула,
     разгула,
что же обводишь ты взглядом слепым
туфли из Гавра,
     бюстгальтер из Дувра
и комбинацию с Филиппин?
Вот ты от сраму,
    от сраму,
      от сраму
прячешься в комнатке мертвой своей.

Вот вспоминаешь
                про маму,
                        про маму,
вот вспоминаешь вообще про людей.
Бабою плачешь,
            плачешь,
                    плачешь,
что-то кому-то бежишь покупать.
Тихая,
        нянчишь,
                нянчишь,
                        нянчишь
чьих-то детишек и плачешь опять.
Что же себя
            укоряешь нещадно?
Может, действительно бог для людей
создал несчастья,
                несчастья,
                        несчастья,
чтобы мы делались чище, добрей?!
...Она была первой,
                первой,
                        первой
кралей в архангельских кабаках.
Она была стервой,
                стервой,
                        стервой
с лаком серебряным на коготках.

1965

ПРОЦЕССИЯ С МАДОННОЙ

Людовико Коррао

В городишке тихом Таормина
стройно шла процессия с мадонной.
Дым свечей всходил и таял мирно,
невесомый, словно тайна мига.

Впереди шли девочки — все в белом
и держали свечи крепко-крепко.
Шли они с восторгом оробелым,
полные собой и миром целым.

И глядели девочки на свечи
и в неверном пламени дрожащем
видели загадочные встречи,
слышали заманчивые речи.

Девочкам надеяться пристало.
Время обмануться не настало,
но, как будто их судьба, за ними
позади шли женщины устало.

Позади шли женщины — все в черном
и держали свечи тоже крепко,
Шли тяжелым шагом удрученным,
полные обманом уличенным.

И глядели женщины на свечи
и в неверном пламени дрожащем
видели детей худые плечи,
слышали мужей тупые речи.

Шли все вместе, улицы минуя,
матерью мадонну именуя,
и несли мадонну на носилках,
будто бы стоячую больную.

И мадонна, видимо, болела
равно и за девочек и женщин,
но мадонна, видимо, велела,
чтобы был такой порядок вечен.

Я смотрел, идя с мадонной рядом,
не светло, не горестно на свечи,
а каким-то двуединым взглядом,
полным и надеждою и ядом.

Так вот и живу — необрученным
и уже навеки обреченным
где-то между девочками в белом
и седыми женщинами в черном.

1965

* * *

Идут белые снеги,
как по нитке скользя...
Жить и жить бы на свете,
да, наверно, нельзя.

Чьи-то души, бесследно
растворяясь вдали,
словно белые снеги,
идут в небо с земли.

Идут белые снеги...
И я тоже уйду.
Не печалюсь о смерти
и бессмертья не жду.

Я не верую в чудо.
Я не снег, не звезда,
и я больше не буду
никогда, никогда.

И я думаю, грешный,—
ну а кем же я был,
что я в жизни поспешной
больше жизни любил?

А любил я Россию
всею кровью, хребтом —
ее реки в разливе
и когда подо льдом,

дух ее пятистенок,
дух ее сосняков,
ее Пушкина, Стеньку
и ее стариков.

Если было несладко,
я не шибко тужил.
Пусть я прожил нескладно —
для России я жил.

И надеждою маюсь
(полный тайных тревог),

что хоть малую малость
я России помог.

Пусть она позабудет
про меня без труда,
только пусть она будет
навсегда, навсегда.

Идут белые снеги,
как во все времена,
как при Пушкине, Стеньке
и как после меня.

Идут снеги большие,
аж до боли светлы,
и мои и чужие
заметая следы...

Быть бессмертным не в силе,
но надежда моя:
если будет Россия,
значит, буду и я.

1965

ЛИШНЕЕ ЧУДО

Т. П.

Все, ей-богу же, было бы проще
и, наверно, добрей и мудрей,
если б я не сорвался на просьбе —
необдуманной просьбе моей.

И во мгле, настороженной чутко,
из опавших одежд родилось
это белое лишнее чудо
в грешном облаке темных волос.

А когда я на улицу вышел,
то случилось, чего я не ждал,
только снег над собою услышал,
только снег под собой увидал.

Было в городе строго и лыжно.
Под сугробами спряталась грязь,
и летели сквозь снег неподвижно
опушенные краны, кренясь.

Ну зачем, почему и откуда,
от какой неразумной любви
это новое лишнее чудо
вдруг свалилось на плечи мои?

Лу́чше б, жизнь, ты меня ударяла —
из меня наломала бы дров,
чем бессмысленно так одаряла, —
тяжелее от этих даров.

Ты добра, и к тебе не придраться,
но в своей сердобольности зла.
Если б ты не была так прекрасна,
ты бы страшной такой не была.

И тот бог, что кричит из-под спуда
где-то там, у меня в глубине,

тоже, может быть, лишнее чудо?
Без него бы спокойнее мне?

Так по белым пустым тротуарам,
и казнясь, и кого-то казня,
брел и брел я, раздавленный даром
красоты, подкосившей меня...

1965

* * *

Женщина расчесывала косу,
пахнущую утренней рекой,
гладила, потягиваясь, кожу,
и скрипела кожа под рукой.

Свежие и твердые на зависть
выпускала груди из руки,
так что в небо сизое вонзались
остриями темными соски.

Прикасались пальцы одиноко,
сладко сознавая наготу,
к втянутому, с бледным шрамом сбоку
и с пушком девичьим — животу.

Но внезапно из-за хвойных игол,
так жестоко стоя на своем,
голосок девчоночий захныкал:
«Бабушка, когда же мы пойдем?»

И лицо пробилось вдруг из тени
молодо распущенных волос,
и морщинок жалкое смятенье,
выдавая старость, прорвалось...

Ну а тело будто бы летело,
позабыв проклятые лета,
тело, восставая, не хотело
замечать предательства лица.

Женщина укрылась за орешник.
Стоя у обрыва на краю,
прятала в приличные одежды
юность неприличную свою.

И навстречу мне, потупясь глухо,
спрятав свое тело взаперти,

вышла — ну не то чтобы старуха,
но уже не женщина почти.

И отвел глаза я моментально,
вроде размышляя про свое,
и не выдал я, что знаю тайну,
может быть, последнюю ее...

1966

СЕНЕГАЛЬСКАЯ БАЛЛАДА

1

Сенегал,
я ныряю на дно кабаков без советчиков и стукачей,
в синяках
от чумных, начиненных нечаянностями ночей.
И плюю
на ханжей всего мира надводного — этих и тех,
и плыву
среди стеблей подводных — лилово мерцающих тел.
Голося,
две мулатки трясутся на сцене и падают ниц.
Их глаза —
как актинии жадные с щупальцами ресниц.
Но, едва
колыхаясь в чаду, меня тянут в себя сквозь века
твои два
карих глаза, как два необманных подводных цветка.
Мы вдвоем —
дети разных враждующих, как у Шекспира, семей.
Белый дом,
Серый дом,— мы прорвались друг к другу из ваших
                                        сетей.

Мы в бегах,
а за нами сирены, ищейки и прочий бедлам.
Мы в ногах
у единой праматери — вечности, гладящей головы
                                        нам.

Ланни, лань,
ты ко мне перепрыгнула через ракеты, эсминцы,
                                        моря.

Где же грань,
где граница меж нами двоими? — лишь кожа твоя
                                        и моя.

Так возьмись
перепрыгнуть и эту границу и губы бездонные
                        дай мне до дна.

Так вожмись
кожей в кожу, и станут они как одна.
Ночь, визжи!
В тебе что-то по пьянке опять, словно атомный смерч,
                                        взорвалось,
и ножи

сумасшедшими рыбами пляшут над водорослями
волос.
Скрежеща,
стулья в воздух взлетают, кастеты врезаются
с хрустом под дых.
Страшно, а?
Режут белые — черных, и черные — белых,
а желтые — тех и других.
Рев зверья,
а над свалкой, как будто в библейских льняных
облаках,
льдом звеня,
пляшет шейкер у бармена в цепких бесстрастных
руках.
Финкой в бок
и мартелем по морде кому-то, а бармен над хряском
костей и когтей —
есть же Бог! —
наши души сбивает в заказанный Богом столетьями
раньше коктейль.
Над ворьем,
над зверьем я за руку твою осторожно берусь.
Мы вдвоем.
«Не боишься?» — глазами вопрос и глазами ответ:
«Не боюсь».
Что мне злость
всех бандитов на свете и что приближенье конца,
если сквозь
эту страшную драку — ко мне приближенье лица?!
Отчего эта драка? Какое нам дело! А может, все эти
ножи
для того,
чтобы сблизило нас и прижало друг к другу
в крутящейся смерчем ночи?
Что любовь?
Это ты, это я, над кастетами, выстрелами, надо всем.
Что любовь?
Это вечное НАД
поножовщиной рас, предрассудков, сословий, систем.
Что любовь?
Это вечное ВНЕ
всяких драк, всяких свалок
Ромео с Джульеттой союз.
«Не боишься?» — глазами вопрос
и глазами ответ: «Не боюсь».

146

Я пришел провожать с парой темных беспомощных
рук —
не с цветами.
Мой ирландыш, прощай навсегда... Ну а может...
А вдруг?
До свиданья!
Твое имя пребудет во мне и в последний мой час
свято, Ланни.
Хоть бы раз мы увиделись в жизни еще, хоть бы раз...
«До свиданья!»
«Самолет на Париж, самолет на Париж, господа!»
...В «каравеллу»
чемоданчик плывет, как по серой реке в никуда,
по конвейеру.
Мы прижались друг к другу затерянно, как дикари,
в тарараме
спекулянтов гашишем,
идеями,
девками
и
даже нами.
Мы бессильны с тобой, ну а, может, мы просто малы
и безвольны?
На руках у меня, на ногах у меня — кандалы,
лишь без звона.
Уступаю тебя, да и ты уступаешь меня, как в бою
отступая...
Кандалы на руках и сквозь белую кожу твою
проступают.
Мы — невольники века,
невольники наших правительств и рас.
Всюду — путы.
Настоящей свободы —
ее ни у нас,
ни у вас —
лишь минуты.
Отпустив на минуту, обмякшую жертву питон
дальше душит.
Что любовь? Это только минута свободы. Потом
даже хуже.
Нету прав у людей, кроме древнего права страдать,
но и в этом
не хотят нам свободу по выбору нашему дать

кольца века.

Век сдавил наши души и, мнимой свободой дразня,
мнет их люто.

Если вечной свободы попавшему в кольца нельзя —
пусть минута!

А потом — меня можете вешать,

                    ножами тупыми
                                строгать —
что угодно!

Только раньше вы дайте мне право свободно страдать,
но свободно.

Пусть нам снова страдать,

                    если снова мы будем
                                вдвоем —
до свиданья!

Мыслим — значит, живем?

                    Нет, страдаем — и,
                                значит, живем!

До страданья!

1966

* * *

Я разлюбил тебя... Банальная развязка.
Банальная, как жизнь, банальная, как смерть.
Я оборву струну жестокого романса,
гитару пополам — к чему ломать комедь!

Лишь не понять щенку — лохматому уродцу,
чего ты так мудришь, чего я так мудрю.
Его впущу к себе — он в дверь твою скребется,
а впустишь ты его — скребется в дверь мою.

Пожалуй, можно так с ума сойти, метаясь...
Сентиментальный пес, ты попросту юнец.
Но не позволю я себе сентиментальность.
Как пытку продолжать — затягивать конец.

Сентиментальным быть не слабость — преступленье,
когда размякнешь вновь, наобещаешь вновь
и пробуешь, кряхтя, поставить представленье
с названием тупым «Спасенная любовь».

Спасать любовь пора уже в самом начале
от пылких «никогда!», от детских «навсегда!».
«Не надо обещать!» — нам поезда кричали,
«Не надо обещать!» — мычали провода.

Надломленность ветвей и неба задымленность
предупреждали нас, зазнавшихся невежд,
что полный оптимизм есть неосведомленность,
что без больших надежд — надежней для надежд.

Гуманней трезвым быть и трезво взвесить звенья,
допрежь чем их надеть,— таков закон вериг.
Не обещать небес, но дать хотя бы землю.
До гроба не сулить, но дать хотя бы миг.

Гуманней не твердить «люблю...», когда ты любишь.
Как тяжело потом из этих самых уст
услышать звук пустой, вранье, насмешку, грубость,
и ложно полный мир предстанет ложно пуст.

Не надо обещать... Любовь — неисполнимость.
Зачем же под обман вести, как под венец?

Виденье хорошо, пока не испарилось.
Гуманней не любить, когда потом — конец.

Скулит наш бедный пес до умопомраченья,
то лапой в дверь мою, то в дверь твою скребя.
За то, что разлюбил, я не прошу прощенья.
Прости меня за то, что я любил тебя.

1966

* * *

Любимая, больно,
                    любимая, больно!
Все это не бой,
              а какая-то бойня.
Неужто мы оба
              испиты,
                        испеты?
Куда я и с кем я?
                    Куда ты и с кем ты?
Сначала ты мстила!
                    Тебе это льстило.
И мстил я ответно
                  за то, что ты мстила,
и мстила ты снова,
                    и кто-то, проклятый,
дыша леденящею
                  смертной прохладой,
глядел, наслаждаясь,
                    с улыбкой змеиной
на замкнутый круг
                  этой мести взаимной.
Но стану твердить —
                    и не будет иного! —
что ты невиновна,
                  ни в чем не виновна.
Но стану кричать я повсюду,
                            повсюду,
что ты неподсудна,
                    ни в чем не подсудна.
Тебя я кустом
              осеню в твои беды
и лягу мостом
              через все твои бездны.

1966

Качался старый дом, в хорал слагая скрипы,
и нас, как отпевал, отскрипывал хорал.
Он чуял, дом-скрипун, что медленно и скрытно
в нем умирала ты и я в нем умирал.

«Постойте умирать!» — звучало в ржанье с луга,
в протяжном вое псов и сосенной волшбе,
но умирали мы навеки друг для друга,
а это все равно что умирать вообще.

А как хотелось жить! По соснам дятел чокал,
и бегал еж ручной в усадебных грибах,
и ночь плыла, как пес, косматый, мокрый, черный,
кувшинкою речной держа звезду в зубах.

Дышала мгла в окно малиною сырою,
а за моей спиной — все видела спина! —
с платоновскою Фро, как с найденной сестрою,
измученная мной, любимая спала.

Я думал о тупом несовершенстве браков,
о подлости всех нас — предателей, врунов:
ведь я тебя любил, как сорок тысяч братьев,
и я тебя губил, как столько же врагов.

Да, стала ты другой. Твой злой прищур нещаден,
насмешки над людьми горьки и солоны.
Но кто же, как не мы, любимых превращает
в таких, каких любить уже не в силах мы?

Какая же цена ораторскому жару,
когда, расшвыривая вдрызг по сценам и клише,
хотел я счастье дать всему земному шару,
а дать его не смог — одной живой душе?!

Да, умирали мы, но что-то мне мешало
уверовать в твое, в мое небытие.
Любовь еще была. Любовь еще дышала
на зеркальце в руках у слабых уст ее.

Качался старый дом, скрипел среди крапивы
и выдержку свою нам предлагал взаймы.

В нем умирали мы, но были еще живы.
Еще любили мы, и, значит, были мы.

Когда-нибудь потом (не дай мне Бог, не дай мне!),
когда я разлюблю, когда и впрямь умру,
то будет плоть моя, ехидничая втайне,
«Ты жив!» мне по ночам нашептывать в жару.

Но в суете страстей, печально поздний умник,
внезапно я пойму, что голос плоти лжив,
и так себе скажу: «Я разлюбил. Я умер.
Когда-то я любил. Когда-то я был жив».

1966

К. Шульженко

А снег повалится, повалится
и я прочту в его канве,
что моя молодость повадится
опять заглядывать ко мне.

И поведет куда-то за руку,
на чьи-то тени и шаги
и вовлечет в старинный заговор
огней, деревьев и пурги.

И мне покажется, покажется
по Сретенкам и Моховым,
что молод не был я пока еще,
а только буду молодым.

И ночь завертится, завертится
и, как в воронку, втянет в грех,
и моя молодость завесится
со мною снегом ото всех.

Но, сразу ставшая накрашенной
при беспристрастном свете дня,
цыганкой, мною наигравшейся,
оставит молодость меня.

Начну я жизнь переиначивать,
свою наивность застыжу
и сам себя, как пса бродячего,
на цепь угрюмо посажу.

Но снег повалится, повалится,
закружит все веретеном,
и моя молодость появится
опять цыганкой под окном.

А снег повалится, повалится,
и цепи я перегрызу,
и жизнь, как снежный ком, покатится
к сапожкам чьим-то там, внизу.

1966

БАЛЛАДА О ЛАСТОЧКЕ

Вставал рассвет над Леной. Пахло елями.
Простор алел, синел и верещал,
а крановщик Сысоев был с похмелья
и свои чувства матом выражал.

Он поднимал, тросами окольцованные,
на баржу под названьем «Диоген»
контейнеры с лиловыми кальсонами
и черными трусами до колен.

И вспоминал, как было мокро в рощице
(На пне бутылки, шпроты. Мошкара.)
и рыжую заразу — маркировщицу,
которая ломалась до утра.

Она упрямо съежилась под ситчиком.
Когда Сысоев, хлопнувши сполна,
прибегнул было к методам физическим,
к физическим прибегнула она.

Деваха из деревни — кровь бунтарская! —
она (быть может, с болью потайной)
маркировала щеку пролетарскую
своей крестьянской тяжкой пятерней...

Сысоеву паршиво было, муторно.
Он Гамлету себя уподоблял,
в зубах фиксатых мучил «беломорину»
и выраженья вновь употреблял.

Но, поднимая ввысь охапку шифера,
который мок недели две в порту,
Сысоев вздрогнул, замолчав ушибленно,
и ощутил, что лоб его в поту.

Над кранами, над баржами, над слипами,
ну а точнее — прямо под крюком,
крича, металась ласточка со всхлипами:
так лишь о детях — больше ни о ком.

И увидал Сысоев, как пошатывал
в смертельной для бескрылых высоте

гнездо живое, теплое, пищавшее
на самом верхнем шиферном листе.

Казалось, все Сысоеву до лампочки.
Он сантименты слал всегда к чертям,
но стало что-то жалко этой ласточки
да и птенцов: детдомовский он сам.

И, не употребляя выражения,
он, будто бы фарфор или тротил,
по правилам всей нежности скольжения
гнездо на крышу склада опустил.

А там, внизу, глазами замороженными,
а может, завороженными вдруг
глядела та зараза — маркировщица,
как бережно разжался страшный крюк.

Сысоев сделал это чисто, вежливо,
и краном, грохотавшим в небесах,
он поднял и себя и человечество
в ее зеленых мнительных глазах.

Она уже не ежилась под ситчиком,
когда они пошли вдвоем опять,
и было, право, к методам физическим
Сысоеву не нужно прибегать.

Она шептала: «Родненький мой...» —
                                        ласково.
Что с ней стряслось, не понял он, дурак.
Не знал Сысоев — дело было в ласточке.
Но ласточке помог он просто так.

1967

ЛЮБОВЬ ПО-ПОРТУГАЛЬСКИ

Ночь, как раны, огни зализала.
Смотрят звезды глазками тюрьмы,
ну а мы под мостом Салазара —
в его черной-пречерной тени.

Оказал нам диктатор услугу,
и, ему под мостом не видны,
эмигрируем в губы друг к другу
мы из этой несчастной страны.

Под мостом из бетона и страха,
под мостом этой власти тупой
наши губы — прекрасные страны,
где мы оба свободны с тобой.

Я ворую свободу, ворую,
и в святой уворованный миг
счастлив я, что хотя б в поцелуе
бесцензурен мой грешный язык.

Даже в мире, где правят фашисты,
где права у людей так малы,
остаются ресницы пушисты,
а под ними иные миры.

Но, одетая в тоненький плащик,
мне дарящая с пальца кольцо,
португалочка, что же ты плачешь?
Я не плачу. Я выплакал все.

Дай мне губы. Прижмись и не думай.
Мы с тобою, сестренка, слабы
под мостом, как под бровью угрюмой
две невидимых миру слезы...

Лисабон
1967

Не используй свой гений, поэт,
ореол, перед коим робеют,
и опальный отлив эполет
для добычи любовных трофеев.

Одиночества не оглашай,
не проси, чтоб тебя пожалели,
и трагедией не обольщай,
как Грушницкий солдатской шинелью.

Ведь у женщин беспомощных тех,
для которых ты словно икона,
по́дать нежностью требовать — грех,
вымогать доброту — беззаконно.

Преступление — с чувством прочесть
и за горло строкой заарканить.
Для мужчины нешибкая честь
побеждать побежденных заране.

Слава — страшный для женщин магнит.
Прилипает к ней каждая шпилька.
Даже скрепка — и та норовит
позабыть свою ведомость пылко.

Но магнит не уйдет от вины,
так вцепляясь и в ценность и рухлядь,
если вытянет гвоздь из стены,
а икона висевшая рухнет.

И сумей, если вправду поэт,
избегая всех льгот положенья,
не унизить себя до побед,
а возвыситься до пораженья.

1967

РЕСТОРАН ДЛЯ ДВОИХ

Гонолулу,
на спине ты качаешься сонно в серебряно-черном
нигде.
Гонит луны
вдоль зазывно-русалочьих бедер твоих ветерок по
воде.
Всюду блестки.
По-дикарски ты любишь стекляшки витрин и реклам.
Словно брошки,
пароходы приколоты к влажным твоим волосам.
Ты тасуешь
австралийцев, японцев и янки в шальных
шоколадных руках.
Ты танцуешь,
и звенят золоченые рыбки в стеклянных твоих
каблучках.
Лорд-шотландец
в пестрой юбочке пляшет с тобою, пуская слюну,
и, шатаясь,
лезет мокро под юбку, и, кажется, не под свою.
Но, как гномик,
дотянулся до звезд на ходулях — на пальмовых
сваях своих
крошка-домик,
уникальный игрушечный храм — ресторан для
двоих.
Без антенны
его крыша из листьев — зеленый смешной колпачок.
Его стены
из бамбука и тайны, а что там творится — молчок!
Бой-малаец
на подносе эбеновом вносит по лестнице в дом,
ухмыляясь,
запеченный акулий плавник в ананасе, насквозь
золотом.
Два прибора.
Две свечи. Два лица. Два сообщника. Два беглеца.
Как в соборы,
от содома они убежали друг к другу в глаза.
Ненадежно,
как в фонарике елочном, здесь и, пожалуй, морально
грешно.

В общем, ложно,
в общем, призрачно это, а все-таки так хорошо!
        Трепет самбы,
лепет звезд и раскаты прибоя у дамбы — все только
                                        для них.
        Я и сам бы
драпанул с удовольствием в тот ресторан для двоих!
        Подлым харям
закричал бы я, в пальцах обрыдлый бокал раздавив:
        «По ды хаю
от тоски среди вас. Я хочу в ресторан для двоих!»
        Надо делать
то и это, а этого — ни при каких?
        На-до-ело!
Я смертельно устал. Я хочу в ресторан для двоих.
        Надо думать
и бороться за что-то? Пытался я. Пробовал. Фиг!
        Надоумил
этот домик меня. Я хочу в ресторан для двоих!
        Пусть осудят —
удеру! Но бежать — это только для трусов, трусих.
        Что же будет,
если каждый запрячется в свой ресторан для двоих?!
        Среди гнойных
всех нарывов эпохи не выход — бежать от тоски
        в домик-гномик,
в чьи-то волосы, губы, колени, ладони, виски!
        Шепот беса
нас толкает к побегам, а мы не умеем понять:
        после бегства
пострашней оказаться на каторге прежней опять.
        ...В звездных безднах,
будто в хрупком кораблике, тихо сидят, нашалив,
        двое беглых,
а внизу ожидает с овчарками жизнь, как шериф.
        И малаец
на приступочке дремлет внизу — на заветной черте,
        умиляясь
так презрительно чьей-то святой и пустой простоте.
        Замечает,
что еще полчаса до закрытья, а после — катись! —
        и включает
для иллюзии рая — на пленку записанных птиц...

1967

Мне снится — я тебя уже любил.
Мне снится — я тебя уже убил.

Но ты воскресла в облике ином,
как девочка на шарике земном
в изгибисто наивной простоте
у раннего Пикассо на холсте,
и попросила, ребрами моля:
«Люби меня!», как: «Не столкни меня!»

Я тот усталый взрослый акробат,
от мускулов бессмысленных горбат,
который знает, что советы — ложь,
что рано или поздно упадешь.

Сказать мне страшно: «Я тебя люблю»,
как будто выдать: «Я тебя убью».

Ведь в глубине прозрачного лица
я вижу лица, лица без конца,
которые когда-то наповал
или не сразу — пыткой — убивал.

Ты от баланса страшного бела:
«Я знаю все. Я многими была.
Я знаю — ты меня уже любил.
Я знаю — ты меня уже убил.
Но шар земной не поверну я вспять:
люби опять, потом убей опять».

Девчонка ты. Останови свой шар.
Я убивать устал. Я слишком стар.

Но, шар земной ножонками гоня,
ты падаешь с него: «Люби меня».
И лишь внутри — таких похожих! — глаз:
«Не убивай меня на этот раз!»

1967

КРАДЕНЫЕ ЯБЛОКИ

Кренились от шторма заборы,
и крались мы в тенях озяблых,
счастливые, будто бы воры
с рубахами, полными яблок.

Тяжелыми яблоки были,
и есть было страшно-престрашно,
но мы друг друга любили,
и это было прекрасно.

И нас, как сообщница, пряча
от мира, где грязные волны,
шептала монахиня-дача:
«Не бойтесь любить. Вы — не воры».

И лунного света молочность
шептала сквозь пыльные шторы:
«Укравшие то, что могло быть
украдено жизнью,— не воры...»

Был дачи хозяин гуманный
футбольный — на пенсии — витязь,
и фото, мерцая туманно,
шептали: «Не бойтесь — прорвитесь!»

И мы прорывались к воротам
в любовь, как в штрафную площадку,
и делали финт с поворотом
и яблоками — в девятку.

И, крошечны, снились нам будто,
игрушками-игрунами
качались футбольные бутсы
на ниточке тонкой над нами.

«Не бойтесь...— шептали, как гномы.—
Играйте, и не понарошке...» —
и били по шару земному,
такому же, в сущности, крошке.

И мы играли и били.
Игра была, может, напрасна,

но мы друг друга любили,
и это было прекрасно.

А море, лютея от рыка,
предупреждало о чем-то,
но, как золотая рыбка,
плескалась на лбу твоем челка.

И было не боязно думать,
что в будущем, штормом закрытом,
за жадность мою и за дурость
останусь с разбитым корытом.

Пусть буду я сплетнями загнан,
я знаю — любовь не для слабых,
и запах любви — это запах
не купленых — краденых яблок.

Но счастливы будем? Едва ли...
Но все бы мы прокляли в мире,
когда б у себя мы украли
возможность украсть эти миги.

Что крик сторожей исступленных,
когда я под брызгами моря
лежал головой на соленых
двух яблоках, краденных мною!

1968

БЛАГОДАРНОСТЬ

М. В.

Она сказала: «Он уже уснул»,—
задернув полог над кроваткой сына,
и верхний свет неловко погасила,
и, съежившись, халат упал на стул.

Мы с ней не говорили про любовь.
Она шептала что-то, чуть картавя,
звук «р», как виноградину, катая
за белою оградою зубов.

«А знаешь, я ведь плюнула давно
на жизнь свою. И вдруг так огорошить!
Мужчина в юбке. Ломовая лошадь.
И вдруг — я снова женщина. Смешно?»

Быть благодарным — это мой был долг.
Ища защиты в беззащитном теле,
зарылся я, зафлаженный, как волк,
в доверчивый сугроб ее постели.

Но, как волчонок загнанный, одна,
она в слезах мне щеки обшептала,
и то, что благодарна мне она,
меня стыдом студеным обжигало.

Мне б окружить ее блокадой рифм,
теряться, то бледнея, то краснея,
но женщина! меня! благодарит!
за то, что я! мужчина! нежен с нею!

Как получиться в мире так могло?
Забыв про смысл ее первопричинный,
мы женщину сместили. Мы ее
унизили до равенства с мужчиной.

Какой занятный общества этап,
коварно подготовленный веками:
мужчины стали чем-то вроде баб,
а женщины — почти что мужиками.

О Господи, как сгиб ее плеча
мне вмялся в пальцы голодно и голо
и как глаза неведомого пола
преображались в женские, крича!

Потом их сумрак полузаволок.
Они мерцали тихими свечами...
Как мало надо женщине — мой Бог! —
чтобы ее за женщину считали.

1968

НЕПОДВИЖНОСТЬ

Мы с тобою старые, как море,
море, у которого лежим.
Мы с тобою старые, как горе,
горе, от которого бежим.

Мы устали, милая, с тобою.
Не для нас белеют корабли.
Мы упали около прибоя.
Мы упали около любви.

Добрая всезнающая бездна
нас ничем не будет обижать.
Неподвижность — лучший способ бегства,
если больше некуда бежать.

Я тебя тихонечко поглажу.
Жизнь еще пока не отняла
собственность единственную нашу —
наши суверенные тела.

Но идут спортсмены-исполины —
сочетанье бицепсов и ласт —
и, роняя море нам на спины,
браво перешагивают нас.

Шутят басовыми голосами,
но, как будто детский лопоток,
слышу что-то вроде: «Колоссально»,
и еще: «Железно», «Молоток».

Я смотрю, завидую, жалею.
Думаю — какие молодцы.
Колоссально, милая, железно
то, что мы с тобой не молотки.

Я впадаю, может быть, в сусальность,
но среди тщеславной суеты
нежелезность и неколоссальность,
думаю, не худшие черты.

Мягкость — это тоже крепкий бицепс,
ибо не такая благодать,

скажем, твердокаменно влюбиться
или несгибаемо рыдать.

Я дышу твоими волосами,
словно незнакомою страной,
счастлив тем, что я неколоссален,
тем, что нежелезна ты со мной.

Мы легли на синий твой халатик
с морем на губах и на спине.
Проявляем сильный свой характер —
позволяем слабости себе.

Как песчинки с мокрой твоей кожи
тихо переходят на мою,
наши души переходят тоже.
Я уже свою не узнаю.

1969

В ТОЙ КОМНАТЕ

В той комнате полынью пахло с пола,
еще — рекой, прохла́дящей в жаре,
и не стеснялась лампочка быть голой
на седеньком от извести шнуре.

Здесь чистотою защищалась бедность.
Предупреждала: «Я сейчас мазну!» —
опрятных стен старательная белость,
переходя чуть-чуть в голубизну.

От квартиранток из столицы мира
слегка дышала светская ленца,
но комната лица не изменила —
вернее, выражение лица.

И как хозяйский сумрачный ребенок,
в окно глядел на милый кавардак
флакончиков, купальников, гребенок
с беззлобным превосходством Карадаг.

И женщины закуску вынимали
навстречу тени, выросшей в дверях,
и сетчатый рисунок снятой марли
хранил прозрачный сыр с водой в ноздрях.

Я был той тенью в шторах домотканых.
Я слышал здесь рассохшийся буфет,
шампанское в пластмассовых стаканах
и бабочек, стучащихся о свет.

И со стены одной чуть наклоненно,
укупленная, видно, за гроши,
плыла картина маслом на клеенке —
дитя базара и дитя души.

Там, у подобья виллы или храма,
на фоне дальней яхты на волне,
как хризантема, распустилась дама
вся в розовом на белом скакуне.

Наивным слишком или слишком смелым
художник был? Над морем завитым
он дерево одно цветущим сделал,
ну а другое сделал золотым.

Художника базар не убивает,
как ни взлетит, ни упадет цена,
пока он может думать, что бывают
одновременно осень и весна.

И вся — и увяданье, и цветенье —
вся — из морщинок, родинок и глаз —
причина появленья моей тени —
одна из квартиранток напряглась.

Она глядела на картину эту
вне времени, вне боли и обид,
как будто бы прислушивалась к эху
воздушных нарисованных копыт.

Все женщины в душе провинциалки.
Налет столичный — это не всерьез.
Смени их быт, и все провидцы жалки,
чтобы предвидеть ход метаморфоз.

Но опыт о себе не забывает,
и усмехнулась, закурив, она:
«Я в детстве, дура, думала — бывают
одновременно месяц и луна...»

Я тоже потерял в себе ребенка.
Не омрачайся, чудо соверши,
поэзия моя — моя клеенка,
дитя базара и дитя души!

И комната крестьянкою крестила
тенями, как перстами в полусне,
ту барышню, не знающую стирок,
всю в розовом на белом скакуне.

И в разных окнах комнаты витали
одновременно месяц и луна,

и в ставенки царапались ветвями
одновременно осень и весна.

И комнату куда-то сны катили.
С клеенки прыгал в комнату прибой,
и комната так верила картине,
что без нее была бы не собой.

1969

СЕРЕБРЯНЫЙ БОР

Я ждал тебя в Серебряном бору,
полумальчишка и полумужчина,
еще не смея ни на что решиться
и все-таки решившийся на все.
А на кругу конечной остановки
усталые троллейбусы толпились,
и с провода соскальзывавший ролик
водители на место водворяли
при помощи веревочных удил
(хотя, наверно, каждый ролик верит:
«Я соскользнул навек. Я победил»).

Я ждал тебя.
Любить — всегда удрать,
и я удрал от провода того,
на коем вроде ролика крутился.
Проклятый ток на время прекратился,
и тихий ток свободы шел по мне,
как ветер по сосне,
на чьей коре, как красный с желтым зрак,—
орудовский запретный знак,
по чьим ветвям, не помнящим обид,
не важно, что за знак к стволу прибит.

Я ждал тебя в Серебряном бору,
отчаянный, худой, бритоголовый...
Как люстра, полыхал репей лиловый
на стрекозином призрачном балу.
Мальчишка гордо в банке нес мальков.
Острил сержант, с буфетчицей знакомясь.
В ее окне с томатным соком конус
алел, как будто мокрая морковь.
Запомниться просилось все само:
обвертывались пылью капли кваса,
и муравьи взбирались по Кавказу
валявшейся обертки «эскимо».

Я счастлив был в тот день
за чьим-нибудь мячом шальным нагнуться,
который прыгнул в собственную тень,
как в черное крутящееся блюдце.
Я был готов не то что извинить —

обнять всех наступавших мне на кеды,
скупить у всех цветочниц все букеты,
всем дать монетки, чтобы позвонить...

Я ждал тебя в Серебряном бору,
на шелест шин всем телом подаваясь
от остановки в сторону шоссе.
У девушек, со мной стоявших рядом,
Москвой-рекою пахло от волос,
и роста баскетбольного гигант
читал, вздыхая, «Маленького принца».

Но выделялся раздраженным видом
один весьма угрюмый индивидуум.
Как ни шутили, как ни пели,— он
лишь морщился, как будто боль в печенке,
надутый, мрачный, как Наполеон
в помятой треуголке из «Вечерки».
Когда к нему искатели монет
совались в торопливом простодушье:
«Простите, нету двушки?» —
он отвечал им: «Есть... но лишних нет...»

А рядом, вида лучшего не выдумавши,
как копия, стояла индивидуумша.
Мяч волейбольный чуточку задел
соломенную шляпу с васильками
искусственными...
Гневно задрожал
пластмассовый наносник: «Безобразье!» —
и долго не смирялась эта дрожь:
«Как распустилась наша молодежь!»

Любви я в них не видел и следа.
О нет, не только внешняя среда
и козни современной молодежи —
они друг друга раздражали тоже.
Супруг глядел со злобой на супругу.
Супруга, от жары начав скисать,
глядела злобно на него.
Друг другу
им было просто нечего сказать.

Я ждал тебя в Серебряном бору,
подсмеиваясь втайне незлобиво

над типом в треуголке из «Вечерки»
и над искусственными васильками,
воспринимающими слишком нервно
наш массовый советский волейбол.
И я, конечно, в тот момент не думал,
что, может быть, в другой какой-то жизни,
отчаянный, худой, бритоголовый,
с мячом, где сквозь расползшиеся дольки
живое тело камеры чуть дышит,
он ждал ее в Серебряном бору.

(Я ждал тебя в Серебряном бору...)
«Послушай, я должна с тобой серьезно».
(...Полумальчишка и полумужчина...)
«Поговорить. Зачем нам вместе жить?»
(...Еще не смея ни на что решиться...)
«Я не люблю тебя. Ты все убил».
(...И все-таки решившийся на все.)

И все-таки решившийся на все,
кричу тебе: «Любимая, неужто
семья — лишь соучастие в убийстве
любви?
        Возможно, так бывает часто,
но разве это все-таки закон?
Взгляни — пушистый, словно одуванчик,
смеется наш белоголовый мальчик,—
я не хочу, чтоб в это верил он!

Любимая, люби меня хотя бы
во имя баскетбольного гиганта,
читающего «Маленького принца».
Он все стоит на той же остановке.
Его большие руки так неловки,
но тянутся к надежде и добру.
Та остановка навсегда конечна...
Любимая,
        сегодня,
                завтра,
                        вечно
я жду тебя в Серебряном бору».

1969

СПАСИБО

Ты скажи слезам своим «спасибо»,
их не поспеша утереть.
Лучше плакать, но родиться, ибо
не родиться — это умереть.

Быть живым — пусть биту или гнуту,—
но в потемках плазмы не пропасть,
как зеленохвостую минуту
с воза мироздания украсть.

Вхрупывайся в радость, как в редиску,
смейся, перехватывая нож.
Страшно то, что мог ты не родиться,
даже если страшно, что живешь.

Кто родился — тот уже везучий.
Жизнь — очко с беззубою каргой.
Вытянутым быть — нахальный случай,
будто бы к семнадцати король.

В качке от черемушного чада,
пьяный от всего и ничего,
не моги очухаться от чуда,
чуда появленья своего.

В небесах не ожидая рая,
землю ты попреком не обидь,
ибо не наступит жизнь вторая,
а могла и первая не быть.

Доверяй не тлению, а вспышкам.
Падай в молочай и ковыли
и, не уговаривая слишком,
на спину вселенную вали.

В горе озорным не быть зазорно.
Даже на развалинах души,
грязный и разодранный, как Зорба,
празднуя позорище, пляши.

И спасибо самым черным кошкам,
на которых покосился ты,

174

и спасибо всем арбузным коркам,
на которых поскользнулся ты.

И спасибо самой сильной боли,
ибо что-то все-таки дала,
и спасибо самой сирой доле,
ибо доля все-таки была.

1969

ОСОБЕННАЯ ТОЧКА

В саду желтело, розовело,
там был обряд прощальный наш,
и капли нежной «изабеллы»
тишайше всасывал лаваш.

Почти ни слова не сказала
мне эта женщина. Над ней
слезой лиловою свисала
одна инжиринка с ветвей.

Меня рука коснулась тонко.
Услышал я, как изнутри:
«Здесь есть особенная точка.
Ты встань сюда и посмотри».

Я вскинул голову. Кренилась
хурма в морщинах ранних вдов.
Она скрипела и крепилась,
вся в красных лампочках плодов.

И что-то дерево хотело
сказать, прощая и виня,
и на меня оно летело
и прорастало сквозь меня.

И снизу, на высокогорье,
за километра, что ли, два,
сквозь ветви вламывалось море
в глаза, глядящие едва.

И, к нам рванувшись издалека,
сместив пространство неспроста,
дрожала крошечная лодка
на ржавом краешке листа.

И понял я внезапно то, что
на нас нахлынуло, нашло.
Любовь — особенная точка
и, может, более ничто.

Была та женщина красива
и величава тем была,

что ни о чем не попросила
и даже адрес не взяла.

Все за меня сама решая,
ушла, и только и всего,
но просьба самая большая,
когда не просят ничего.

1969

ПОЮЩАЯ ДАМБА

По дамбе над Волгой,
                    по дамбе над спящей Казанью,
по дамбе над жизнью,
                    где смерть — неизвестно за что наказанье,
по дамбе над криками чаек,
                              природою удочеренных,
идут выпускницы — все в белом,
                    как будто бы гроздья черемух.
По дамбе
          по дамбе
поют,
      отражаясь виденьями чистыми в грязной волне...
Подайте,
          подайте
немножечко юности мне!
Прохо́дите вы этой ночью июньскою,
когда вместе с вами поют
                              пароходных гудков соловьи,
по дамбе —
              еще между детством и юностью, —
а я —
      между зрелостью и... —
                              понимаете —
                                          и...
Да, столько усталости ранней в душе напласталось,
что это уже называется, видимо, —
                              старость.
Не смерти боюсь
              и не старости плоти, поверьте, —
боюсь умирания духа —
                    прижизненной медленной смерти.
Не то что скулю
              и не то что в отчаянье вою,
но тяжесть внутри как железо лежит листовое.
Старею,
          старею —
на склад, переполненный хламом, похож.
Стальнею,
          стальнею —
снарядом меня не пробьешь.
Но страшно и больно
непередаваемо

быть
    даже любовью
не пробиваемым.
Эпохи судья,
осуди беспощадным судом
сначала —
        себя,
а эпоху —
       потом.
Актерствуя лихо,
неужто ты стал подлецом?
Надетые лица,
неужто вы стали лицом?
На дамбу полночную
              из ресторанного ора
мы вышли с тобою
          до ужаса трезвые оба.
Прости за молчанье.
           Поверь, что сейчас — не играю.
Конечно, я рядом,
       но я — за какою-то гранью.
И тем, что ты плачешь,
         меня ты совсем не тревожишь.
Какая счастливая ты:
         ты страдаешь,
            ты любишь,
             ты можешь.

Мне дамба как паперть,
где я на коленях молю
возможность заплакать,
возможность понять, что люблю.
По дамбе над Волгой,
        по дамбе над спящей Казанью
касанья девических платьев —
        как мира другого касанья.
Вот двое отстали.
        Они до утра не отыщутся,
и в губы девчоночьи
        мальчишечьи тычутся.
Девчоночьи сжаты,
       девчоночьи — в сторону просятся,
и схвачены пряди льняные
       микстурной резинкою простенькой.
И слышу я с завистью —
       увы! — не беспочвенной:

«Отстань с поцелуями!
                                    Какой ты испорченный!»
И я ощущаю пропажу,
которую вам не понять.
Ах, мне бы «испорченность» вашу,
но поздно ее перенять.
А может быть, это не поздно,
когда над землею так звездно,
и лица спадают с лица,
и веет непобедимым
черемуховым,
                                    лебединым,
которому нету конца?!

1970

МОГИЛА РЕБЕНКА

Мы плыли по Лене вечерней.
Ласкалась, покоя полна,
с тишайшей любовью дочерней
о берег угрюмый она.

И всплески то справа, то слева
пленяли своей чистотой,
как мягкая сила припева
в какой-нибудь песне простой.

И с привкусом свежего снега,
как жизни сокрытая суть,
знобящая прелесть побега
ломила нам зубы чуть-чуть.

Но карта в руках капитана
шуршала, протерта насквозь,
и что-то ему прошептала,
что тягостно в нем отдалось.

И нам суховато, негромко
сказал капитан, омрачась:
«У мыса Могила Ребенка
мы с вами проходим сейчас».

Есть вне телефонного ига
со всем человечеством связь.
Шуршащая медленность мига
тревожным звонком прервалась.

Как в мире нет мира второго,
счастливым побегам — не быть.
Несчастия мира — тот провод,
который нельзя отрубить.

И что-то вставало у горла,
такое, о чем не сказать,—
Ведь слово «ребенок» — так горько
со словом «могила» связать.

Я думал о всех погребенных,
о всем погребенном во всех.

Любовь — это тоже ребенок.
Его закопать — это грех.

Но дважды был заступ мой всажен
под поздние слезы мои,
и кто не выкапывал сам же
могилу своей же любви?

И даже без слез неутешных —
привычка уже, черт возьми! —
мы ставим кресты на надеждах,
как будто кресты над детьми.

Так старит проклятая гонка,
тщеславия суетный пыл,
и каждый — могила ребенка
которым когда-то он был.

Мы плыли вдоль этого мыса,
вдоль мрачных скалистых громад,
как вдоль обнаженного смысла
своих невозвратных утрат.

И каждый был горько наказан
за все, что схоронено им,
и крошечный колокол в каждом
звонил по нему и другим...

1970

НЕРАЗДЕЛЕННАЯ ЛЮБОВЬ

И. Кваше

Любовь неразделенная страшна,
но тем, кому весь мир лишь биржа,

           драка,
любовь неразделенная смешна,
как профиль Сирано де Бержерака.
Один мой деловитый соплеменник
сказал жене

           в театре «Современник»:
«Ну что ты в Сирано своем нашла?
Вот дурень!

           Я, к примеру, никогда бы
так не страдал из-за какой-то бабы...
Другую бы нашел —

                и все дела».
В затравленных глазах его жены
Из мужа перло —

                аж трещали швы! —
смертельное духовное здоровье.
О, сколько их,

           таких здоровяков,
страдающих отсутствием страданий.
Для них есть бабы —

                нет прекрасной дамы.
А разве сам я в чем-то не таков?
Зевая,

      мы играем,

                как в картишки,
в засаленные, стертые страстишки,
боясь трагедий,

                истинных страстей.
Наверное, мы с вами просто трусы,
когда мы подгоняем наши вкусы
под то, что подоступней,

                попросей.
Не раз шептал мне внутренний подонок
из грязных подсознательных потемок:
«Э, братец,

           эта — сложный матерьял»,—
и я трусливо ускользал в несложность
и, может быть, великую возможность
любви неразделенной потерял.

Мужчина,
           разыгравший все умно,
расчетом на взаимность обесчещен.
О, рыцарство печальных Сирано,
ты из мужчин переместилось в женщин.
В любви вы либо рыцарь,
                        либо вы
не любите.
           Закон есть непреклонный:
в ком дара нет любви неразделенной,
в том нету дара Божьего любви.
Дай Бог познать страданий благодать,
и трепет безответный,
                      но прекрасный,
и сладость безнадежно ожидать,
и счастье глупой верности несчастной.
И тянущийся тайно к мятежу
против своей души оледененной,
в полулюбви запутавшись,
                        брожу
с тоской любви неразделенной.

1971

В МИГ ПОЛУОСЕНИ-ПОЛУЗИМЫ

В миг полуосени-полузимы
что твоя туфелька мне ворожила?
Мертвые листья она ворошила,
что-то выспрашивая у земли, —
только земля свой ответ отложила.

Туфелька, как беззащитный зверек,
ткнулась в ботинок мордочкой мокрой.
Был он какой-то растерянный, мертвый,
он от ответа себя уберег,
ну а вокруг шелестящие метлы
мертвые листья сгребали у ног.

Мертвые листья еще не дожгли.
Я был дожжен. Наша песенка спета,
если на взорванность чьей-то души
в собственной мы не находим ответа.
Нету мудрее и горше совета:
мертвые листья не вороши.

Рядом в песке твой ребенок играл.
В доме напротив твой муж фанатично
делал, так веря тебе безгранично,
маслом пейзаж, где закат умирал.
Я себя чувствовал подло, двулично,
словно я краски чужие украл.
Мертвые листья сжигали привычно.
Дым восходил, как беззвучный хорал.

Был на пейзаже хор воронья,
голые сучья, торчащие мглисто,
были те самые мертвые листья,
ты, твой ребенок, пустая скамья.
Господи, вдруг под провидческой кистью
вырасту тенью предательства я?

Жизнь не простила забавы мои.
Жадным я был. Эта детская жадность
переходила порой в беспощадность
к яблокам тем, что надкусывал и
сразу бросал. Ты преступна, всеядность,
если ты горе для чьей-то семьи.

185

Станет вина перед ближним — виной
передо всем человеческим родом.
Так же грешно, словно горе — народам,
горе семье принести хоть одной.
Подло ломать чью-то жизнь мимоходом,
если не можешь построить иной.

Колокол хриплый — трамвайный звонок.
Я на подножке. Летят мостовые.
Снова один. Ничего. Не впервые.
Лучше я буду совсем одинок,
чем, согреваючись, души живые
жечь, будто мертвые листья у ног.
Конечно все. Я иначе не мог.

1971

ПОСЛЕДНЯЯ ЯГОДА

Пора единственная,
                     самая любимая,
когда случается,
                     что тихо-тихо так
одна-единственная
                     ягода рябинная
еще качается
                     в заснеженных ветвях.
Она чуть с подчернью,
                     она уже неяркая,
темно-бордовая,
                     с морщинистым бочком,
совсем непрочная,
                     а изморозь ноябрьская
ее   рнула
                     своим седым пушком.
Она не тешится.
                     Она над зимней слякотью,
такая маленькая,
                     знает обо всем:
что не удержится,
                     что тайна поздней сладости
умрет под валенками
                     или колесом.
К ней не дотянешься.
                     Она одна, заветная,
в порывах стонущих
                     над сучьями торчит.
Нет, не обманешься,
                     но на губах заветренных,
губах беспомощных
                     все ж чуточку горчит.

1971

* * *

Ничто не сходит с рук:
ни самый малый крюк
с дарованной дороги,
ни бремя пустяков,
ни дружба тех волков,
которые двуноги.

Ничто не сходит с рук:
ни ложный жест, ни звук —
ведь фальшь опасна эхом,
ни жадность до деньги,
ни хитрые шаги,
чреватые успехом.

Ничто не сходит с рук:
ни позабытый друг,
с которым неудобно,
ни кроха-муравей,
подошвою твоей
раздавленный беззлобно.

Таков проклятый круг:
ничто не сходит с рук,
а если даже сходит,
ничто не задарма,
и человек с ума
сам незаметно сходит...

1972

МОЛИТВА

Как бы я в жизни ни куролесил,
весел — невесел,
                      трезв или пьян,
где-то в Неаполе
                      или в опале, —
как ни взлетел бы я,
                      как бы ни пал,
как бы молиться судьба ни велела,
нету молитвы другой у меня:
«Только бы,
             только бы ты не болела,
только бы,
             только бы не умерла».
Если на улице вижу больницу, —
мысль о тебе
             будто нож под ребром.
Кладбищ нечистая совесть боится.
Местью грозят:
             «Мы ее отберем!
В тех, кто любимых пытает, —
                      нет Бога.
Смерти страшней
             истязанье твое.
Пусть отдохнет.
             Ее спрячем глубоко,
чтобы ты больше не мучил ее!»
«Боже! —
             кричу я всей болью глубинной. —
Что мне бессмертья сомнительный рай!
Пусть я умру,
             но не позже любимой —
этою карой меня не карай!»

1972

189

СЕМЬЯ

И та, которую любил,
                    измучена тобой
и смотрит в страхе на тебя,
                    как будто на врага,
когда в репьях ночных безумств
                    приходишь ты домой,
дом оскверняя,
                    где тебе не сделали вреда.
И забивается твой пес
                    в испуге под кровать,
настолько пахнешь ты бедой
                    для дома своего.
Не подбегает утром сын
                    тебя поцеловать —
уже неведения нет
                    в глазенках у него.
Ты так старался отстоять
                    свободочку свою
от гнета собственной семьи.
                    Добился наконец.
Тот мещанин убогий,
                    кто мещанством счел семью,
кто, ставший мужем и отцом,
                    не муж и не отец.
Мысль о несчастности страшна.
                    Приятна между тем.
Подлинка сладенькая —
                    так оправдывать вину:
«Ах, я несчастный человек,
                    не понятый никем».
А ты попробовал понять
                    хотя б свою жену?
Защита грубостью — позор,
когда так беззащитен взор
той, чью единственную жизнь
                    посмел ты обокрасть,
а покаяние — уют,
где справочку дают,
что ты покаялся, ты чист
                    и можешь снова — в грязь.
Но все же верит сын,
                    что ты велик и всемогущ,

и синева в его зрачках
                          до зависти свежа.
Ты головеночку его
                          случайно не расплющь,
когда ты хлопаешь дверьми,
                          к свободе вновь спеша.
Благослови, Господь, семью —
                          творения венец.
На головеночках детей
                          покоится земля.
Святая троица земли —
                          Ребенок, Мать, Отец,
и человечество само
                          не что-нибудь — семья.
Пора кончать весь этот бред,
пока еще презренья нет
к тебе ни в собственной жене,
                          ни в шелесте сосны,
пока сквозь ветви иногда
в окно еще глядит звезда
без отвращенья на тебя,
                          а с жалостью сестры.

1972

КОНЧИКИ ВОЛОС

Было то свиданье над прудом
кратким, убивающим надежду.
Было понимание с трудом,
потому что столько было между
полюсами разными земли,
здесь, на двух концах одной скамьи,
и мужчина с женщиной молчали,
заслонив две разные семьи,
словно две чужих страны, плечами.

И она сказала — не всерьез,
вполушутку, полувиновато:
«Только разве кончики волос
помнят, как ты гладил их когда-то».
Отводя сближенье, как беду,
крик внутри смогла переупрямить:
«Завтра к парикмахерше пойду —
вот и срежу даже эту память».

Ничего мужчина не сказал.
Он поцеловал ей тихо руку
и пошел к тебе, ночной вокзал, —
к пьяному и грязному, но другу.
И расстались вновь на много лет,
но кричала, словно неизбежность,
рана та, больней которой нет, —
вечная друг другу принадлежность.

1972

ПРОГУЛКА С СЫНОМ

Какой искристый легкий скрип
сапожек детских по снежку,
какой счастливый детский вскрик
о том, что белка на суку.

Какой пречистый Божий день,
когда с тобой ребенок твой,
и голубая его тень
скользит по снегу за тобой.

Ребенок взрослым не чета.
Он как упрек природы нам.
Жизнь без ребенка — нищета.
С ребенком — ты ребенок сам.

Глаза ребенка так блестят,
как будто в будущем гостят.
Слова ребенка так свежи,
как будто в мире нету лжи.

В ребенке дух бунтовщика.
Он словно жизнь — вся, целиком,
и дышит детская щека
морозом, солнцем, молоком.

Щека ребенка пахнет так,
как пахнет стружками верстак,
и как черемуховый сад,
и как арбуза алый взгляд,

и как пастуший козий сыр, —
как весь прекрасный вечный мир,
где так смешались яд и мед,
где тот, кто не ребенок, — мертв.

1972

НЕСКОЛЬКО НЕЖНЫХ ДНЕЙ

Несколько нежных дней:
вздрагиванье камней
от прикасанья ступней,
пробующих прибой,
и на пушке́ щеки,
и на реке руки —
родинок островки,
пахнущие тобой.

Ночь была только одна:
билась о дамбу волна,
штора хотела с окна
прыгнуть в ревущую глубь.
Шторм берега разгромил
и пополам разломил
звездный огромный мир
пахнущих штормом губ.

Так вот горят на кострах;
спутаны страсть и страх.
Вечно — победа и крах,
словно сестра и брат.
Руки на мне сцепя,
больно зубами скрипя,
ты испугалась себя —
значит, я сам виноват.

Лишний — второй стакан.
Вскрикивает баклан.
Стонет подъемный кран,
мрачно таская песок.
Слева подушка пуста,
лишь на пустыне холста —
впившийся неспроста,
тоненький твой волосок.

Есть очень странный детдом:
плачут, как дети, в нем,
плачут и ночью и днем

дни и минуты любви.
Там, становясь все грустней,
бродят среди теней
несколько нежных дней —
дети твои и мои.

1972

СВИДАНИЕ В БОЛЬНИЦЕ

Свидания с тобой теперь в больнице.
Медсестры —
                    как всевидящий конвой.
Лицо твое растерянно бодрится...
Оставьте мою милую живой!
Когда ты остаешься там,
                              в палате,
в своем казенном байковом халате,
я —
      брошенный тобой ребенок твой.
Я сам тебя себе чужою сделал.
Что натворил я с нервами и с телом
единственной,
                    которую любил?
И вдруг ты говоришь не как чужому:
«Ты кашляешь?
                        Попил бы ты боржому.
Здесь есть в буфете.
                              Я схожу куплю».
Прости за исковерканные годы,
за все мои возвышенные оды
и низость плоти после этих од —
души и тела горестный разброд.
И то, что ты болеешь, разве странно?
Болезнь всегда первоначально — рана,
как эту рану ты ни назови.
К любви счастливой ощущая зависть,
болезни, как гадюки, заползают
в проломы душ,
                      в развалины любви.
Но почему за эти преступленья
ты платишься,
                      а я гуляю,
                                    пью?
Пойду к врачам и встану на колени:
«Спасите мне любимую мою!
Вы можете ли знать,
                          товарищ доктор,
зондирующий тайны бытия,
какой она бывает к людям доброй,
а если злой бывает —
                            это я.

Вы можете ли знать,

                    товарищ доктор,
какой она узнала в жизни ад,
какой она узнала яд и деготь,
а я — ей снова деготь,

                    снова яд.
Вы можете ли знать,

                    товарищ доктор,
что если есть во мне какой-то свет,
то из ее души

              его я добыл
и только беспросветность дал в ответ.
В меня свой дух,

              в меня свое здоровье
она переливала:

              «Не болей!»
Возьмите до последней капли крови
всю кровь мою

              и перелейте ей».
Усталый,

        как на поле боя Тушин,
мне доктор говорит

                  с такой тоской:
«Ей ничего не надо...

                  Только нужен
покой —

        вы понимаете? —

                  покой!»
Покой?

        Скажите, что это такое?
Как по-латыни формула покоя?
О, почему,

          предчувствиям не вняв,
любимых сами в пропасть мы бросаем,
а после так заботливо спасаем,
когда лишь клочья платья на камнях?

1972

ОТ ЖЕЛАНЬЯ К ЖЕЛАНЬЮ

1

Мой медовый месяц странный —
                              был он радостью и раной.
Сладость меда, тяжесть меда
                              в теле загнанном моем.
Мой медовый месяц горький
                              сумасшедшею был гонкой
от желания к желанью
                              и желанье — за рулем.
Исполнение желанья —
                              это часто смерть желанья,
а потом пустыня в теле,
                              если, в общем, все равно,
чье с тобою рядом тело,
                              то, что тоже опустело,
и лежат два потных трупа...
                              Сколько раз так было, — но...

2

Со мной сполна за все мои обиды
жизнь расплатилась звездами Флориды,
бесстыдством детских губ Лолиты
и чистотою Золушкиных глаз.
Когда в душе расчетливая трезвость,
то даже поцелуй —
                              разврат и мерзость.
В любви разрешена любая дерзость,
            разрешено бесстыдство без прикрас.
И мы любили так, как получалось:
желание в слова не облачалось,
исполнившись, желанье не кончалось,
желание в глазах у нас качалось,
желание из кожи излучалось,
желание само желало нас.

Любовь двух движущихся трупов,
одетых в голые слова,
при изощренности всех трюков —
она мертва,
          мертва,
                    мертва.
Любовь —
          она тогда живая
любовь людей,
          а не зверья,
когда тебе в глаза,
                    желая,
глядит желанная твоя.

Бродяги на автомобиле,
мы останавливались и
безостановочно любили
по разрешению любви.
Любовь —
          лицензия великая
нам на отстрел инстинктов темных,
всех обездоленных религия
и партия всех угнетенных.
И сквозь Америку летело,
сквозь чуингамское жеванье,
как богородицыно тело,
неутоленное желанье.
Визжали виражи смертельные,
кричал неон,
          скрипели пристани,
шептались библии мотельные,
дыханьем нашим перелистываемые.
Косились леди элегантные,
как обнимались мы,
                    но все-таки
нас понимали аллигаторы
глазами добрыми,
                    отцовскими.
Шли предварительные выборы,

продажа,

      купля,

            заваруха,

а нам такое счастье выпало:
мы просто выбрали друг друга.

5

И в звездном сумраке стрекочущем,
как светлячок

           сквозь ужас мира,

тлел огонек на остром кончике
сухого прутика жасмина,
и, как жасмин, благоуханна
была ты,

      Хана.

Был горек мед

           от непреложности

того, что выскользнешь,

               растаешь

или, как прутик, переломишься,
собою пахнуть перестанешь.
Но мед бродил во мне тягуче,
и медом все вознаграждалось,
и ослепительно и жгуче
внутри опять звезда рождалась.
И каждым утром

           ранней ранью

нас пробуждал нетерпеливо,
качая синий мед желанья,
рев Мексиканского залива.
Проблемы стирки и починки
все залил мед.

           Шли первым планом

твои веснушки, как песчинки,
прилепленные океаном.
И меду суток было мало.
Желанье тлело сквозь ресничины
и на груди твоей вздымало
две сан-луисские брусничины.

Когда не любим,
   как гнусно,
      тошно
быть вместе, рядом —
      хоть плачь навзрыдно.
Когда мы любим,
    ничто не пошло,
когда мы любим,
    ничто не стыдно.
Когда мы любим,
    внутри свобода,
что из неволи
    нас вызволяет,
и запах меда,
    и запах меда
все извиняет,
    все позволяет.
Когда мы любим,
    мы неповинны,
что жажда меда
    танцует в горле,
и все, кто любят,—
    Гекльберри Финны
с усами меда,
    который сперли.

Несчастны те, чье тело
с душой разведено.
Любить как сделать дело:
вот все, что им дано.

Быть бабником — скучища.
Кто Дон Жуан? Кастрат.
Монахом быть не чище.
Монахом быть — разврат.

А мы грешили смело,
грешили, не греша.
Была душа как тело
и тело как душа.

Ресницами в ресницы,
и мед сквозь них густой,
и не было границы
меж телом и душой.

8

Медленная смерть желанья
моего и твоего:
воскрешение желанья
твоего и моего.
Мед тягучий,
                    мед могучий,
дай не сытость —
                    жажду дай,—
то отливом меня мучай,
то приливом награждай.

9

Любите друг друга под душем,
любите друг друга под душем,
любите друг друга под душем
в дарованный Господом час,
как будто стоите под медом,
как будто стоите под медом,
как будто стоите под медом,
усталость смывающим с вас.

10

Выше тела ставить душу —
                    жизнь, достойная урода.
Над душою ставить тело —
                    это ложная свобода.
Помоги мне, мать природа,
                    чтоб я не был из калек,
чтобы тяжесть,
                    чтобы сладость,
                    чтобы даже горечь меда
мою душу с моим телом
                    тайно склеила навек.

Флорида
Март — апрель 1972

Д. Г.

Был я столько раз так больно ранен,
добираясь до дому ползком,
но не только злобой протаранен —
можно ранить даже лепестком.

Ранил я и сам — совсем невольно
нежностью небрежной на ходу,
а кому-то после было больно,
словно босиком ходить по льду.

Почему иду я по руинам
самых близких, дорогих,
я, так больно и легко ранимый
и так просто ранящий других?

1973

ЛЮБОВЬ РЕВОЛЮЦИОНЕРА

Их любовь была на холме из джинсов
в магазине для хиппи в городе Лима.
Прямо на пол, на джинсы
                     они ложились —
и любили друг друга неутолимо.
Магазин назывался
                 «Уста оракула»,
и хозяйка ключами неловкими брякала,
отпирая уста,
               на дверях нарисованные,
голубые,
           как будто бы вдрызг нацелованные.
А потом изнутри она ключ повернула,
груду джинсов новехоньких на пол швырнула,
свое платье упавшее переступила
и, как белый кувшин,
                   в темноте проступила.
Амулеты,
          фальшивые перстни, гитары,
как гнилушки, светили забывшейся паре,
и рубашки с портретами Че Гевары
что-то тихо шептали индийским сари.
Ну а джинсы скрипели,
               шуршали шершаво
и теряли к чертям ярлыки с ценою.
«Успокойся... — она ему в щеку шептала. —
Нет шагов за стеною.
             Ты только со мною».
А ему успокоиться было трудно,
словно сыщики рядом —
             вот-вот и поймают,
и к тому же он знал:
             кроме ночи, есть **утро,**
только женщины этого не понимают.
А шаги за стеною
             все-таки слышались.
Кто-то злобно следил за их наготою.
В щель глядела эпоха,
           как главная **сыщица,**
и держала наручники наготове.
И во сне его странным ознобом било,
а она к его лбу прикасалась рукою:

«С кем-то борешься ты и во сне, мой любимый.
Хоть во сне не борись.

                              Дай тебя успокою».
И ему становилось до странного просто,
и он думал,

                  себя ощутив безымянным,
что мгновение каждое —

                              это остров,
на который мы выброшены океаном.
И когда возникает блаженная пауза,
надо рядом лежать под деревьями вечности,
и не надо ждать никакого паруса,
ибо двое друг с другом —

                              уже человечество.
И на острове синем раскрашенных джинсов
в магазине для хиппи

                  «Уста оракула»
восходило могучее дерево жизни
и на джинсы слезами чистейшими плакало.
А когда засыпал он,

                        удравший от казни,
как себя измочалившая стихия,
она тихо садилась около кассы
и писала стихи,

                        примерно такие:
«Завтра утром придут в магазин подростки.
Они купят эти синие джинсы,
и следы нашей тайной любви,

                              как розы,
будут вместе с подростками петь и кружиться.
И наша любовь побежит по улицам
и будет карабкаться по деревьям,
и наша любовь

            с чужой

                        перепутается,
и мы не умрем...

                  а умрем —

                              не поверим...»

1973

* * *

А, собственно, кто ты такая,
с какою такою судьбой,
что падаешь, водку лакая,
а все же гордишься собой?

А, собственно, кто ты такая,
когда, как последняя мразь,
пластмассою клипсов сверкая,
играть в самородок взялась?

А, собственно, кто ты такая,
сомнительной славы раба,
по трусости рты затыкая
последним, кто верит в тебя?

А, собственно, кто ты такая
и, собственно, кто я такой,
что вою, тебя попрекая,
к тебе прикандален тоской?

1974

206

МЕТАМОРФОЗЫ

Детство — это село Краснощеково,
Несмышленово, Всеизлазово,
Скок-Поскоково, чуть Жестокого,
но Беззлобнино, но Чистоглазово.

Юность — это село Надеждино,
Нараспашкино, Обольщаньино,
ну а если немножко Невеждино, —
все равно оно Обещаньино.

Зрелость — это село Разделово:
либо Схваткино, либо Пряткино,
либо Трусово, либо Смелово,
либо Кривдино, либо Правдино.

Старость — это село Усталово,
Понимаево, Неупреково,
Забывалово, Зарасталово
и — не дай нам Бог — Одиноково.

1974

Г. Маю

Упала капля
                  и пропала
в седом виске,
как будто тихо закопала
себя в песке.
И дружба и любовь не так ли
погребены,
как тающее тело капли
внутрь седины?
Когда есть друг, то безлюбовье
не страшно нам,
хотя и дразнит бес легонько
по временам.
Бездружье пропастью не станет,
когда любовь
стеной перед обрывом ставит
свою ладонь.
Страшней, когда, во всеоружье
соединясь,
и безлюбовье
                  и бездружье
окружат нас.
Тогда себя в разгуле мнимом
мы предаем.
Черты любимых
                  нелюбимым
мы придаем.
Блуждая в боли,
                  будто в поле,
когда пурга,
мы друга ищем поневоле
в лице врага.
Ждать утешения наивно
из черствых уст.
Выпрашиванье чувств
                  противно
природе чувств.
И человек чужой, холодный
придет в испуг
в ответ на выкрик
                  сумасбродный:

«Товарищ,
                друг...»
И женщина вздохнет чуть слышно
из теплой мглы,
когда признанья наши лишни,
хотя милы.
Но среди вязкого болота,
среди потерь
так хочется обнять кого-то:
«Товарищ, верь!»
И разве грех,
                когда сквозь смуту,
грызню,
        ругню
так хочется сказать кому-то:
«Я вас люблю...»?

1974

ЧИСТЫЕ ПРУДЫ

Какая кружит пара
у замершей воды
вдоль рыжего бульвара,
где Чистые пруды!

Нет музыки на свете.
Пожалуй, три часа.
Набегавшись, как дети,
уснули голоса.

И тихо над водою,
в бесшумнейшем раю,
танцуют эти двое
под музыку свою.

И музыка чуть льется,
нежна, как тишина.
Она не раздается,
а все-таки слышна.

И музыкой захвачен,
седой фонарь грустит,
как будто одуванчик —
вот-вот и облетит.

Солдат с короткой стрижкой
и с «Примой» на губе,
он кажется мальчишкой,
но только не себе.

Девчонка не нарядна.
На ней не кружева,
а куртка стройотряда,
кострами прожжена.

На ней сидит нетяжко,
не притеняя взгляд,
солдатская фуражка,
но козырьком назад.

Рукой обвила шею,
немножечко стыдя:

«Да ты не бойся, Женя,
я буду ждать тебя».

А он, мой тезка бравый,
воды набравший в рот,
фуражку ей поправил,
чтоб козырьком — вперед.

Но что ты, глядя на ночь,
как будто свет не мил,
Евгений Александрыч,
так шибко задымил?

На свете злого много,
но столько доброты,
и есть всегда дорога
на Чистые пруды.

Что значат пораженья,
когда звучит, любя:
«Да ты не бойся, Женя,
я буду ждать тебя».

Талант ослабевает?
Ты просто сам дурак.
Да разве так бывает,
когда бывает так?

1974

ХУДОЖНИЦА

Я обожаю вас,
когда вы напоказ
меня совсем-совсемушки не любите
и, хмурясь детским лбом,
в свой тверденький альбом
страшенные рисуночки малюете.

Глаза подведены.
Намёчек седины
вы в черных волосах своих лелеете.
Вы говорите зло,
что вам не повезло,
но что себя нисколько не жалеете.

Вы входите в метро,
как девочка Пьеро
или как Мэри Пикфорд с пистолетиком.
Он так на вас сердит,
в сумашке вашей скрыт,
чтоб рассчитаться с этим белым светиком.

Вам бы в немом кино
сниматься заодно
с блистательными Дугласами Фербенксами.
А в звуковом — слова.
Их суть для вас мертва.
Вам никаким словам давно не верится.
Когда в джинсовке вы
на улицы Москвы
выходите брезгливо из парадного,
то шубу у ларька
не кинет вам рука
когдаточнего Кторова — Паратова.

Вам нужен хор цыган,
любовник — уркаган,
лихач такой, что сердце заколотится.
Рисунки-сорванцы
похожи на «Столбцы»
когда-то молодого Заболоцкого.

Я обожаю вас,
как во плоти рассказ
про годы нэпа, мрачного, порочного,
и если вы добры,
прошу у вас любви,
как будто бы прошу любви у прошлого.

1974

Вы полюбите меня. Но не сразу.
Вы полюбите меня скрытоглазо.

Вы полюбите меня вздрогом тела,
Будто птица к вам в окно залетела.

Вы полюбите меня — чистым, грязным.
Вы полюбите меня — хоть заразным.

Вы полюбите меня знаменитым.
Вы полюбите меня в кровь избитым.

Вы полюбите меня старым, стертым,
Вы полюбите меня — даже мертвым.

Вы полюбите меня. Руки стиснем.
Невозможно на земле разойтись нам.

Вы полюбите меня?! Где ваш разум?
Вы разлюбите меня. Но не сразу.

1974

ЗВОН ЗЕМЛИ

Какой был звон когда-то в голове,
и все вокруг во городе Москве
двоилось, и троилось, и звенело:
трамваи, воробьи и фонари,
и что-то, обозначившись внутри,
чистейше и натянуто зверело.

Звон рушился, взвалившись на меня,
как будто бы на дикого коня,
и, ударяя пятками по ребрам,
звон звал меня в тот голубой провал,
где город пирожками пировал,
всех в клочья рвал, но оставался добрым.

Звон что-то знал, чего не знал я сам.
Он был причастен к чистым небесам
и к мусору окраинных оврагов.
Звон был цветною музыкой без слов,
смешав желтки церковных куполов
с кумачным смачным переплеском флагов.

Звон за меня придумывал стихи
из семечной шалавой шелухи,
хрустящей под ногами по перронам.
И я звенел в ответ на звон земли,
и строки из туннеля глотки шли,
как поезда, заваленные звоном.

И не было меня — был только звон.
Меня как воплощенье выбрал он.
Но бросил — стал искать кого моложе.
Заемный звон земли во мне любя,
ты не была. Звон изваял тебя,
но звон исчез, и ты исчезла тоже.

1975

ЖЕЛЕЗНЫЕ СТУПЕНИ

В твоем подъезде на Петровке
железные ступени.
Узор дореволюционный
до синевы лоснится.
Штиблеты щеголей в гамашах
по лестнице скрипели,
и с плеч хихикали, оскалясь,
шлюх драные лисицы.

Здесь были чесанки, и краги,
и фетровые боты,
с инициалами галоши
и сапоги чекиста.
Здесь по-блатному:
«Гроши, фраер!»
И по-мамзельи: «Котик, что ты?»
И уж совсем по-пролетарски:
«Да отчепись ты!»

На этой лестнице, быть может,
блевал Распутин,
и Савинков совал курсистке
холодный браунинг,
а я к тебе приеду в полночь,
и мой звонок разбудит
тебя — самой Москве, пожалуй,
по тайнам равную.

И ты не удивишься, будто
на тайной явке,
и все поймешь без объясненья,
без приказанья,
тепла, как жаворонок утром
из хлебной лавки,
в изюмных родинках на шее,
с изюмными глазами.

Ты, как Москва, в Москве вся скрыта.
Ты, значась в списке,
как дом, скрываешься, который
не доломали,—

лишь проблеснет порой во взгляде
ледок максималистки,
чей шанс на самовыраженье
сегодня минимален.

В твоем подъезде на Петровке
железные ступени,
где мы идем разновременно,
но общим стадом
со всеми вами, дорогие
и мерзостные тени,
где потихоньку мы и сами
тенями станем...

1975

НО ПРЕЖДЕ, ЧЕМ...

Любимая,
                и это мы с тобой,
измученные, будто бы недугом,
такою долголетнею борьбой
не с кем-то третьим лишним,

                            а друг с другом?
Но прежде, чем...
                    Наш сын кричит во сне!
расстаться...
                    Ветер дом вот-вот развалит!
приди хотя бы раз в глаза ко мне,
приди твоими прежними глазами.
Но прежде, чем расстаться, как ты просишь,
туда искать совета не ходи,
где пустота,

                прикидываясь рощей,
луну притворно нянчит на груди.
Но прежде, чем расстаться, как ты просишь,
услышь в ночи, как всхлипывает лед,
и обернется прозеленью просинь,
и прозелень в прозренье перейдет.
Но прежде, чем...
                    Как мы жестоко жили!
Нас бы с тобой вдвоем по горло врыть!
Когда мы научились быть чужими?
Когда мы разучились говорить?
В ответ:
            «Не называй меня любимой...»
Мне поделом.
            Я заслужил.
                        Я нем.
Но всею нашей жизнью,
                        гнутой, битой,
тебя я заклинаю:
                прежде, чем...
Ты смотришь на меня,
                    как неживая,
но я прошу, колени преклоня,
уже любимой и не называя:
«Мой старый друг, не покидай меня...»

1975

* * *

Помню, помню — Бог тому свидетель,—
как я без тебя почти завыл,
ну а как тебя впервые встретил,
я забыл. Я многое забыл.

Вздрогнул ли, как юноша, от жара,
или по усталости лица
холодком всезнайства пробежала
тень предугадания конца?

У забытых встреч на нас обида.
Исчезают, не обременя.
Многое, что мной теперь забыто,
мстительно забыло про меня.

Ничему не говорю: «Воскресни!»,
но шепчу с последнею мольбой:
«Как же нам с тобой расстаться, если
мы еще не встретились с тобой?»

1975

* * *

А ты совсем не поняла,
моя взыскующая совесть,
что просто слабость подвела
меня, с тобой теперь поссорив.

А ты совсем не поняла,
когда презреньем расквиталась,
что не бессовестность была
причиной слабости — усталость.

А ты меня не поняла,
и, может, я тебя не понял,
когда я руку тебе подал,
а ты свою не подала.

Но ты прекрасно поняла,
что нас ведет перегоранье
к той роковой потере грани
меж силами добра и зла...

1975

ОЛЬХОВАЯ СЕРЕЖКА

Д. Батлер

Уронит ли ветер
   в ладони сережку ольховую,
начнет ли кукушка
    сквозь крик поездов куковать,
задумаюсь вновь
   и, как нанятый, жизнь истолковываю,
и вновь прихожу
   к невозможности истолковать.
Себя низвести
   до пылиночки в звездной туманности,
конечно, старо,
   но поддельных величий умней,
и нет униженья
   в осознанной собственной малости —
величие жизни
   печально осознано в ней.
Сережка ольховая,
    легкая, будто пуховая,
но сдунешь ее —
   все окажется в мире не так,
и, видимо, жизнь
   не такая уж вещь пустяковая,
когда в ней ничто
   не похоже на просто пустяк.
Сережка ольховая
   выше любого пророчества.
Тот станет другим,
   кто тихонько ее разломил.
Пусть нам не дано
   изменить все немедля, как хочется,—
когда изменяемся мы,
    изменяется мир.
И мы переходим
   в какое-то новое качество,
как вдаль отплываем
    к неведомой новой земле,
и не замечаем,
   что начали странно покачиваться
на новой воде
   и совсем на другом корабле.

Когда возникает

        беззвездное чувство отчаленности
от тех берегов,

        где рассветы с надеждой встречал,
мой милый товарищ,

        ей-богу, не надо отчаиваться —
поверь в неизвестный,

        пугающе черный причал.
Не страшно вблизи

        то, что часто пугает нас издали.
Там тоже глаза, голоса,

        огоньки сигарет.
Немножко обвыкнешь,

        и скрип этой призрачной пристани
расскажет тебе,

        что единственной пристани нет.
Яснеет душа,

        переменами неозлобимая.
Друзей, не понявших

        и даже предавших,— прости.
Прости и пойми,

        если даже разлюбит любимая,
сережкой ольховой

        с ладони ее отпусти.
И пристани новой не верь,

        если станет прилипчивой.
Призванье твое —

        беспричальная дальняя даль.
С шурупов сорвись,

        если станешь привычно привинченный,
и снова отчаль

        и плыви по другую печаль.

Пускай говорят:

        «Ну когда он и впрямь образумится!»
А ты не волнуйся —

        всех сразу нельзя ублажить.
Презренный резон:

        «Все уляжется, все образуется...»
Когда образуется все —

        то и незачем жить.
И необъяснимое —

        это совсем не бессмыслица.
Все переоценки

        нимало смущать не должны,—

ведь жизни цена
               не понизится
                    и не повысится —
цена неизменна тому,
            чему нету цены.
...С чего это я?
           Да с того, что сережка ольховая,
кукушка-болтушка,
            мне долгую жизнь ворожит.
С чего это я?
           Да с того, что сережка ольховая
лежит на ладони
           и, словно живая,
                дрожит...

1975

ВОЗМЕЗДЬЕ ПАМЯТЬЮ

А я, как видно,
               с памятью моею
навеки помириться не сумею.
Мы с ней давно схватились на ножах.
Столкнув меня на темную тропинку,
свалив,
          потом коленом в грудь нажав,
она мне приставляет к горлу финку:
«Ты ведь любил?
              Так что же сделал ты
с любовью,
          так пырнув ее под ребра?»
«Я не хотел...»
           А мне из темноты:
«Нечаянно?
       Ха-ха...
             Как это добро!
Я пощажу тебя.
         Ты не умрешь.
Но я войду в тебя,
         как нож за нож!
С тобой
     ножом в боку
         я буду вместе
всю жизнь твою —
         вот памятью возмездье!»
Мне о тебе не надо вспоминать,
ведь под моей рубашкой из нейлона,
торча из ребер,
         дышит рукоять
в обмотке ленты изоляционной.

1975

* * *

Достойно, главное, достойно
любые встретить времена,
когда эпоха то застойна,
то взбаламучена до дна.

Достойно, главное, достойно,
чтоб раздаватели щедрот
не довели тебя до стойла
и не заткнули сеном рот.

Страх перед временем — паденье,
на трусость душу не потрать,
но приготовь себя к потере
всего, что страшно потерять.

И если все переломалось,
как невозможно предрешить,
скажи себе такую малость:
«И это надо пережить...»

1976

НЕ В ПЕРВЫЙ РАЗ
И НЕ В ПОСЛЕДНИЙ РАЗ

Не в первый раз и не в последний раз
страдаешь ты... Уймись, займись трудами,
и ты поверь — не лучше прочих рабств
быть в рабстве и у собственных страданий.
Не в первый раз и не в последний раз
ты так несправедливо был обижен.
Но что ты в саможалости погряз?
Ведь только унижающий — унижен.
Безнравственно страданье напоказ —
на это наложи запрет строжайший.
Не в первый раз и не в последний раз
страдаешь ты...
     Так что же ты страдаешь?

1976

СКВОЗЬ ВОСЕМЬ ТЫСЯЧ
КИЛОМЕТРОВ

В колымских скалах, будто смертник,
собой запрятанный в тайге,
сквозь восемь тысяч километров
я голодаю по тебе.

Сквозь восемь тысяч километров
хочу руками прорасти.
Сквозь восемь тысяч километров
хочу тебя обнять, спасти.

Сквозь восемь тысяч километров,
все зубы обломав об лед,
мой голод ждет, мой голод верит,
не ждет, не верит, снова ждет.

И меня гонит, гонит, гонит,
во мхах предательских топя,
изголодавшийся мой голод
все дальше, дальше от тебя.

Я только призрак твой глодаю
и стал как будто призрак сам.
По голосу я голодаю
и голодаю по глазам.

И, превратившаяся в тело,
что ждет хоть капли из ковша,
колымской призрачною тенью
пошатывается душа.

И, в дверь твою вторгаясь грубо,
уйдя от вышек и облав,
пересыхающие губы
торчат сквозь телеграфный бланк.

Пространство — это не разлука.
Разлука может быть впритык.
У голода есть скорость звука,
когда он — стон, когда он — крик.

И на крыле любого ИЛа,
вкогтившись в клепку, словно зверь,

к тебе летит душа, что взвыла
и стала голодом теперь.

Сквозь восемь тысяч километров
любовь пространством воскреси.
Пришли мне голод свой ответный
и этим голодом спаси.

Пришли его, не жди, не медли —
ведь насмерть душу или плоть
сквозь восемь тысяч километров
ресницы могут уколоть.

1977

РАЗВЕ ЭТО ПРОХОДИТ?

Неужели прошло,
                    неужели прошло
все, что в кожу вошло,
                    все, что кожу прожгло,
все, что вбросило нас
                    внутрь такого огня,
где не стало уже
                    ни тебя,
                        ни меня,
а такое одно, —
что хоть вместе на дно...
Я глазами к глазам
                    припадаю в мольбе.
Что там в их глубине разгадается?
Неужели все вдруг отгорело в тебе,
а во мне еще лишь разгорается?
Тело,
        даже ласкаясь,
                    о тайне души умолчит —
тело может обжечь,
                    а к душе прикоснешься —
                                в ней холод.
Неужели сказала ты —
                    чтобы лишь боль умягчить:
«Разве это проходит?»
Разве это проходит?
                    Уже проходило во мне,
и в тебе проходило.
                    Совсем.
                            Без остатка.
«Разве это проходит?» —
                    зацепка за что-то вовне.
«Разве это проходит?» —
                    надежды последняя ставка.
Я тону.
        Только черная бездна вокруг,
но, светясь, будто беленький пароходик,
ты бросаешь последний спасательный круг:
«Разве это проходит?»

1977

В лодке, под дождем колымским льющим,
примерзая пальцами к рулю,
я боюсь, что ты меня не любишь,
и боюсь, что я тебя люблю.

А глаза якута Серафима,
полные тоской глухонемой,
будто две дыминочки из дыма
горького костра над Колымой.

Черен чай, как будто деготь, в чашке.
Сахарку бы надо подложить...
«Серафим, а что такое счастье?»
«Счастье в том, чтобы подольше жить».

Серафим, пора уже ложиться,
но тебя помучаю я вновь:
«А не лучше самой долгой жизни
самая короткая любовь?»

Серафим на это не попался —
словно в полусне, глаза смежил,
«Лучше — только это и опасно.
Кто любил — тот вряд ли долго жил».

Знают это и якут, и чукча,
как патроны, сберегая дни:
дорого обходятся нам чувства —
жизнь короче делают они.

Золото в ручье нашел Бориска,
и убило золото его.
Вот мы почему любви боимся,
как чумного золота того.

Чтобы не пугал пожар, как призрак,
дотопчи костер и додави.
Горек он, костерный дымный привкус,
даже у счастливейшей любви.

Вот какие наши разговоры.
Колыма полночная темна,

лишь творожно брезжущие створы
светятся, как женские тела.

Струи как натянутые лески.
Дождь навеки, видно, обложил...
Не хочу я долгой жизни, если
кто любил, тот вряд ли долго жил.

1977

ЗАБУДЬТЕ МЕНЯ

Забудьте меня,
    если это забвенье
счастливее сделает вас
      на мгновенье,
забудьте,
    как темной тайги дуновенье
и как дуновению
      повиновенье.
Забудьте меня,
    как себя забывают,
и только при этом
      собою бывают.
Забудьте меня,
    словно отблеск пожара,
чье пламя вас грело,
      и вам угрожало,
и жаром,
    и холодом вас окружало,
и, вас обвивая,
    по телу бежало.
Забудьте меня,
    словно поезд, промчавший
горящие окна
    над черною чащей
и в памяти
    даже уже не стучащий,
как будто пропавший,
      как будто пропащий.
Забудьте меня.
    Поступите отважно.
Я был или не был —
    не так это важно,
лишь вы бы глядели
    тревожно и влажно
и жили бы молодо
    и не продажно...
Но не забывать —
    это право забытых,
как сниться живым —
    это право убитых.

1977

* * *

Зашумит ли клеверное поле,
заскрипят ли сосны на ветру,
я замру, прислушаюсь и вспомню,
что и я когда-нибудь умру.

Но на крыше возле водостока
встанет мальчик с голубем тугим,
и пойму, что умереть — жестоко
и к себе, и, главное, к другим.

Чувства жизни нет без чувства смерти.
Мы уйдем не как в песок вода,
но живые, те, что мертвых сменят,
не заменят мертвых никогда.

Кое-что я в жизни этой понял,—
значит, я недаром битым был.
Я забыл, казалось, все, что помнил,
но запомнил все, что я забыл.

Понял я, что в детстве снег пушистей,
зеленее в юности холмы,
понял я, что в жизни столько жизней,
сколько раз любили в жизни мы.

Понял я, что тайно был причастен
к стольким людям сразу всех времен.
Понял я, что человек несчастен,
потому что счастья ищет он.

В счастье есть порой такая тупость.
Счастье смотрит пусто и легко.
Горе смотрит, горестно потупясь,
потому и видит глубоко.

Счастье — словно взгляд из самолета.
Горе видит землю без прикрас.
В счастье есть предательское что-то —
горе человека не предаст.

Счастлив был и я неосторожно,
слава Богу — счастье не сбылось.

Я хотел того, что невозможно.
Хорошо, что мне не удалось.

Я люблю вас, люди-человеки,
и стремленье к счастью вам прощу.
Я теперь счастливым стал навеки,
потому что счастья не ищу.

Мне бы — только клевера сладинку
на губах застывших уберечь.
Мне бы — только малую слабинку —
все-таки совсем не умереть.

1977

НЕ ИСЧЕЗАЙ

Не исчезай... Исчезнув из меня,
развоплотясь, ты из себя исчезнешь,
себе самой навеки изменя,
и это будет низшая нечестность.

Не исчезай... Исчезнуть — так легко.
Воскреснуть друг для друга невозможно.
Смерть втягивает слишком глубоко.
Стать мертвым хоть на миг — неосторожно.

Не исчезай... Забудь про третью тень.
В любви есть только двое. Третьих нету.
Чисты мы будем оба в Судный день,
когда нас трубы призовут к ответу.

Не исчезай... Мы искупили грех.
Мы оба неподсудны, невозбранны.
Достойны мы с тобой прощенья тех,
кому невольно причинили раны.

Не исчезай. Исчезнуть можно вмиг,
но как нам после встретиться в столетьях?
Возможен ли на свете твой двойник.
и мой двойник? Лишь только в наших детях.

Не исчезай. Дай мне свою ладонь.
На ней написан я — я в это верю.
Тем и страшна последняя любовь,
что это не любовь, а страх потери.

1977

* * *

Спасение наше — друг в друге,
в божественно замкнутом круге,
куда посторонним нет входа,
где третье лицо — лишь природа.

Спасение наше — друг в друге,
в разломленной надвое вьюге,
в разломленном надвое солнце.
Все поровну. Этим спасемся.

Спасение наше — друг в друге:
в сжимающем сердце испуге
вдвоем не остаться, расстаться
и в руки чужие достаться.

Родители нам — не защита.
Мы дети друг друга — не чьи-то.
Нам выпало нянчиться с нами.
Родители наши — мы сами.

Какие поддельные страсти
толкают к наживе и власти,
и только та страсть неподдельна,
где двое навек неотдельны.

Всемирная слава — лишь призрак,
когда ты любимой не признан.
Хочу я быть всеми забытым
и только в тебе знаменитым!

А чем я тебя обольщаю?
Бессмертье во мне обещаю.
Такую внутри меня славу,
которой достойна по праву.

Друг в друга навек перелиты,
мы слиты. Мы как сталактиты.
И северное сиянье —
не наше ли это слиянье?

Людей девяносто процентов
не знают любви полноценной,

поэтому так узколобы
апостолы силы и злобы.

Но если среди оскопленных
осталось лишь двое влюбленных,
надеяться можно нелживо:
еще человечество живо.

Стоит на любви все живое,
Великая армия — двое.
Пусть шепчут и губы и руки:
«Спасение наше — друг в друге».

1977

ТЫ ПОБЕДИЛА

Волна волос
                прошла сквозь мои пальцы,
и где она —
                волна твоих волос?
Я в тень твою,
                как зверь в капкан, попался,
и на колени перед ней валюсь.
Но тень есть тень.
                    Нет в тени теплой плоти,
внутри которой теплая душа.
Бесплотное виденье,
                как бесплодье,
в меня вселилось,
                    разум иссуша.
Я победил тебя игрой и бредом,
и тем, что был свободен,
                        и не твой.
Теперь я за свою свободу предан,
и тщетно трусь о призрак головой.
Теперь я проклинаю эти годы,
когда любовь разменивал на ложь.
Теперь я умоляю несвободы,
но мстительно свободу ты даешь.
Как верил я в твои глаза и двери,
а сам искал других дверей и глаз.
Неужто нужен нам ожог неверья,
а вера избаловывает нас?
Я ревности не знал. Ты пробудила
ее во мне,
                всю душу раскровя.
Теперь я твой навек.
                        Ты победила.
Ты победила тем, что не моя.

1977

5

Энрике было восемнадцать лет,
когда подруга матери — актриса,
которой было возле сорока,
вдруг на него особенно взглянула,
как будто бы увидела впервые,
сказав ему: «А ты совсем большой!..»
Она умела прятать увяданье
своей, уже усталой, красоты
на сцене и в гостях, но понимала,
что невозможно спрятать будет завтра
то, что сегодня спрятать удалось.
В салоне красоты на жесткой койке
она лежала с маской земляничной,
и были у мулатки-массажистки
решительные мускулы боксера,
когда два черных скользких кулака
обрушивались дробью барабанной
на белую беспомощную спину:
«Спокойнее, сеньора, это дождик».
Потом вонзались пальцы в ямки шеи,
ища жестоко нервные узлы:
«Терпите, это молния, сеньора!» —
но оказался молнией внезапно
взгляд юноши с неловкими глазами,
впервые в своей жизни не по-детски
поднявшего на женщину глаза.
Когда мы неминуемо стареем,
то обожанье тех, кто нас моложе,
для наших самолюбий как массаж,
как будто бы приятный легкий дождик,
но тело расслабляется, поддавшись,
и молния вонзается в него.
Страх постареть сам ищет этих молний,
сам ими ослепляется, сам хочет
стать хоть на время, но совсем слепым,
чтобы не видеть ужас постаренья.
За это ждет расплата — нас разлюбят,
когда не в силах будем разлюбить.
Она сама однажды позвонила,
сказав Энрике, что больна, лежит,

и попросила принести ей книгу
и, если можно, что-нибудь из русских
романов девятнадцатого века.
Он «Братьев Карамазовых» ей нес
сквозь выкрики: «Альенде — в президенты!»
Он позвонил.
                    Раздался низкий голос:
«Дверь не закрыта».

                    Он вошел, смутясь,
перед собой держа двумя руками
внезапно ставший тяжестью роман,
но всю его действительную тяжесть,
конечно, не почувствовав еще.
Она лежала на тахте под тонкой,
очерчивавшей тело простыней,
и мокрым полотенцем голова
обмотана была.

                    Глаза блестели
каким-то странным блеском неживым,
и руки лихорадочно крутили
край простыни под самым подбородком.
«Садись!..» — глазами показала стул,
из пальцев простыни не выпуская.
«Ах, вот какую книгу ты принес!
А ты ее читал?»

                    «Я только начал».
«Ты только-только в жизни начал все...
Счастливый, потому что можешь ты
прочесть еще впервые эту книгу.
Ты знаешь, у меня глаза болят.
Ты почитай мне что-нибудь оттуда
с любой страницы, там, где про Алешу».
«Я не умею с выраженьем».

                    Смех
ответом был, смех макбетовской ведьмы,
под простыней запрятавшей лицо,—
ничто, как смех, не выдает морщины.
«Да кто тебя такому научил?
Что значит — с выраженьем?

                    Выраженье
в самих словах, когда в словах есть смысл.
Вот до чего вас в школе вашей жалкой
учительницы-дуры довели
и слезовыжиматели-актеры.
Как можно гениальное улучшить

каким-то выраженьем, черт возьми!
Достаточно лишь не испортить смысла».
Энрике растерялся, но она
его к себе пересадила ближе
и начала сама ему читать,
как будто книги не было в руках
и это в первый раз произносилось.
Он захотел поцеловать не губы —
он захотел поцеловать слова
и так неловко ткнулся к ней в лицо,
что ей попал куда-то в подбородок
и сразу же отдернулся с испугом.
Но, книгу молча выронив из рук,
она взяла его лицо руками,
приблизила тихонько к своему,
к глазам, что оказались так огромны,
губами его губы отворила,
и очутилось юноши дыханье
внутри дыханья влажного ее,
и несколько часов сидел он рядом,
ее безостановочно целуя,
от властного тяжелого желанья
беспомощно сгорая со стыда.
«Приляг со мной»,— она ему сказала.
Он с ужасом подумал, как он будет
развязывать шнурки своих ботинок
и молнию расстегивать на брюках,
как это будет выглядеть смешно.
Поняв инстинктом, что в нем происходит,
она полузаметно помогла,
и оказался он, стуча зубами,
растерянный своею наготою,
перед загадкой женской наготы
и, содрогаясь от любви и страха,
вдруг ощутил, что ничего не может.
Пережелал. Бессильным сделал страх.
Прибитый отвращением к себе,
он зарыдал, уткнувшись головой
в ее пустые маленькие груди,
и если бы она хотя бы словом
его смогла жестоко уязвить,
возможно, стал бы он совсем другим
и навсегда возненавидел женщин.
Но в женщине, которая полюбит,
всегда есть материнское к мужчине.

«Ну что ты плачешь, милый! Все пройдет.
Все будет хорошо. Ты не волнуйся»,—
она шептала и спасала этим
его возможность полюбить других,
ему еще не встретившихся женщин,
в которых он ее опять полюбит,
когда ее разлюбит насовсем.
Без разбитной назойливости тела
она к нему так ласково прижалась,
что эта ласка стала его силой,
и с ним впервые состоялось чудо,
когда мужчина с женщиной — одно.
Есть в нашей первой женщине урок —
он поважнее, чем урок для тела,—
ведь тело в нем душе преподает.
Когда я вижу циника глаза
с пластмассовым, отвратным холодочком,
то иногда подозреваю я,
что был такой цинизм ему преподан
когда-то первой женщиной его,
но женщину-то кто циничной сделал —
не первый ли ее мужчина-циник?
Есть, слава Богу, не один цинизм...
Вся доброта, вся чистота мужчин —
от наших матерей, от первых женщин,
в которых что-то есть от матерей.
Энрике первой женщине своей
был благодарен.
             Благодарность эта
ее пугала, и пугался он
того, что был ей только благодарен.
Для женщины последняя любовь —
надеждой притворившееся горе,
и ничего нет в мире безнадежней,
когда надеждой горе хочет стать.
Она его любила обреченно
и обреченность эту понимала,
себе внушить стараясь: «Будь что будет.
Еще лет пять. А там... а там... а там...»
Но есть законы времени во всем,
которые предвидений сильнее.
Альенде в президенты избран был.
У монумента Че Гевары пел
с горящими глазами Виктор Хара.
Не знал Альенде, что его убьют.

Не знал бессмертью смертный монумент,
что будет он разрушен, переплавлен.
Не знали руки на гитарных струнах
о том, что их отрубят, и Энрике
не знал, что будет с ним.
                              Но кто-то знал,
скрывая взгляд, от пониманья тяжкий,
в нависших над толпою облаках,
и этот взгляд почувствовавший голубь,
на бронзовом плече героя сидя,
вдруг вздрогнул — и за всех, и за себя.

6

Когда мы юны, тянет к тем, кто старше.
Когда стареем, тянет к тем, кто юн,
и все-таки, чтобы понять себя,
ровесника, ровесницу нам надо.
Мы все сначала — дети превосходства
властительного опыта чужого,
а после опыт наш — отец невольный
неопытности, им усыновленной.
Но вместе две неопытности — опыт,
прекрасный тем, что нет в нем превосходства
ни над одной душой, ни над второй.
Энрике шел по городскому саду
однажды утром, собирая листья
с прожилками, которые, казалось,
вибрируют, живут в его руках,
и вдруг увидел: по аллее рыжей,
по листьям, по обрывкам прокламаций,
по кружевным теням и по окуркам
с лицом серьезным девушка бежит,
могучая, во взмокшей белой майке,
где надпись «Universidad de Chile»,
в лохматых шортах джинсовых и кедах,
невидимое что-то от себя
отталкивая сильными локтями,
а лбами исцарапанных коленок
невидимое что-то ударяя,
дыша сосредоточенно, спортивно,
как будто от спортивных результатов
зависит вся история страны.
И девушка подпрыгнула с разбега

и сорвала дубовый лист осенний.
Взяла его за веточку зубами,
вмиг раскрутив, как золотой пропеллер,
и продолжала свой серьезный бег.
Надежная, скуластая, большая,
она была чуть-чуть великовата,
но даже этим тоже хороша.
Не знал Энрике, что с ним приключилось,
но повернулся, побежал за ней,
сначала видя только ее спину,
где сквозь прозрачность белоснежной майки
волнисто проступали позвонки.
Роняя гребни, волосы летели
вдогонку за просторным крепким телом,
как будто за лошадкой патагонской
несется ее черный жесткий хвост.
Старался перепрыгивать Энрике
с каким-то непонятным суеверьем
ее следы на утренней аллее,
где оставался от подошв рифленых
узорно отформованный песок.
Казалось, был внутри следа любого
песчаный хрупкий город расположен,
который было страшно разрушать.
Потом Энрике поровнялся с ней,
с ее крутым плечом, почти борцовским,
с тугой щекой, где родинка прилипла,
как будто бы кофейное зерно,
с горбинкой независимого носа,
с обветренными крупными губами,
внутри которых каждый зуб сверкал,
как белый свежевымытый младенец.
Хотел Энрике ей взглянуть в глаза,
но не сумел он заглянуть за профиль,
и только правый глаз ее увидел,
на родинку ее точь-в-точь похожий,
но с выраженьем легкого презренья,
что родинкам, по счастью, не дано.
«Не тяжело в костюме и ботинках?» —
она спросила, не замедлив бега.
«Немножко тяжело»,— ей, задыхаясь,
распаренный Энрике отвечал.
«Еще осталось десять километров»,—
она его, смеясь, предупредила.
«Я добегу,— ответил ей Энрике.—

А что в конце пути?»
                    «Конец пути»,—
в ответ была беззлобная усмешка.
Энрике снял пиджак, его набросил
на мраморные треснувшие крылья
скучающего ангела-бедняги,
в траве оставил снятые ботинки
с носками, быстро сунутыми в них,
и продолжал бежать босой, как в детстве,
когда бежал по пене в час отлива
за морем, уходящим от него.
«Не украдут?» — она его спросила,
когда ее догнал он, запыхавшись.
«А я на честность ангелов надеюсь.
Мы все же в католической стране».
«Ты веришь в Бога?» — сразу оба глаза
под сросшимися властными бровями
насмешливо взглянули на него.
«Во что-то».— «Ну а что такое — что-то?»
«Не знаю точно. Нечто выше нас».
«Ты мистик, что ли?» — «Просто я художник».
«Что значит — просто?» — «Просто так, и все».
«Ах, ты из тех, кто с кисточкой и краской.
Оружие — достойней для мужчин».
«Но лишь искусство — чистое оружье».
Работая, как поршнями, локтями,
она спросила жестко: «Разве чистой
винтовка Че Гевары не была?
Ты в партии какой?» — «Эль Греко, Босха».
«Не знаю... Что за партия такая?»
«Хорошая, но маленькая очень.
А ты в какой?» — «Пока что ни в какой.
Но я стою за действия».— «Я тоже.
Но разве так бездейственно искусство?»
«Смотря какое».— «А смотрела ты?»
«Немного... Не люблю музеев с детства.
Ну, скажем, вот хваленый ваш Пикассо —
он говорит, что коммунист, а сам
свои картины продает буржуям».
«Пикассо половину этих денег
подпольщикам испанским отдает».
«Ну а другую половину — Чили?
Как бы не так! Его борьба — игра.
Как можно верить, что миллионеров
разоблачит другой миллионер?

Мне Буревестник Горького дороже,
чем голубь мира неизвестно с кем».
«Мир неизвестно с кем и мне противен.
Уверен я — Пикассо так не думал».
Энрике еле поспевал за ней,
ступни босые обжигая щебнем
на каменистой, за город ведущей,
из парка убегающей тропе,
и девушка была неутомима,
вся резкая, как взмахи ее рук.
«Я на врача учусь,— она сказала.—
Не на зубного, не на педиатра.
Хирурги революции нужней».
«А наши зубы, что, второстепенны
и делу революции не служат?
Но если они выпадут, как скучно
зашамкают ораторы с трибун».
«Ну, за себя ты можешь не бояться.
Твои еще молочные, мучачо»,—
и вскрикнула, внезапно оступившись,
и захромала, за ногу держась.
Потом остановилась и присела.
«Здесь — мое место слабое»,— она
на щиколотку, морщась, показала.
«Вот как! А я не мог себе представить,
что у тебя есть слабые места».
«Что за места интересуют вас,
мужчин так называемых, мне ясно.
Запомни, что касается меня,—
там крепко все. Но, но — подальше руки.
Я и хромой ногой могу поддать».
«Не бойся, я твоей ноги не съем.
Любой художник — чуточку анатом,
а кто анатом, тот и костоправ.
Давай-ка ногу. Тише, не брыкайся.
Не очень-то нога миниатюрна.
Не для нее — хрустальный башмачок».
«Я и сама, не думай, не хрустальна».
«Я вижу... Номер твой не сорок пять?» —
и дернул он двумя руками ногу,
и раздалось ему в ответ сквозь слезы:
«Ты что — с ума сошел? Сороковой!»
Он разорвал платок и туго-туго
ей щиколотку вмиг забинтовал:
«Какая редкость — бинтовать хирурга».

«Забинтовал бы лучше свой язык».
Она зашнуровала еле-еле
на целый номер выросшую ногу
и попыталась дальше побежать,
но все-таки нога остановила,
жестоко унижая самолюбье.
«Ты, кажется, совсем устал, мучачо?
Ну, так и быть. Давай передохнем».
Он сел. Она в траву упала, прыснув:
«Мучачо, ты на куче муравьиной!»
И он вскочил, увидев под собою
примятый им набитый жизнью конус,
где были чьи-то труд, любовь, борьба.
А девушка смеяться продолжала:
«Все завершилось муравьиной кучей.
Теперь ты понял, что в конце пути?»
Смущенье пряча, огрызнулся он,
стремительно отряхивая брюки:
«Мы для кого-то тоже муравьи,
когда на нашу жизнь садятся задом».
«Не надо позволять! — свой строгий палец
она над головою подняла.—
Не надо в жизни быть ни муравьями,
ни тем, кто задом давит муравьев!»
«Ну наконец-то я с тобой согласен».
Энрике тоже лег в траву спиной
и видел сквозь траву, как в двух шагах
коричневая бабочка несмело
присела на один из двух пригорков,
приподнимавших круто ее майку,
уже зазелененную чуть-чуть.
Энрике раза три перевернулся
и подкатился кубарем, спугнув
растерянную бабочку с груди,
вбирая в губы вместе с муравьями
сначала майку, после, с майкой — кожу,
вжимая пальцы — в пальцы, ребра — в ребра,
руками ее руки побеждая,
глаза — глазами, и губами — губы,
и молодостью — молодость ее.
Из рук его два раза вырвав руки,
она его два раза оттолкнула,
но в третий раз их вырвать — не смогла
и обняла. Кричать ей расхотелось.
Ей сразу он понравился тогда,

когда на крылья ангела он сбросил
пиджак, ему мешавший с ней бежать.
Возненавидев исповеди в церкви,
когда однажды старичок-священник
трясущейся рукой сквозь занавеску
стал щупать лихорадочно ей груди,
а было ей всего тринадцать лет,
она возненавидела желанья,
которые уже в ней просыпались,
а вместе с ними и свою невинность,
и всех мужчин, хотевших так трусливо
лишить ее невинности тайком.
Невинности законная продажа,
чтобы назваться чьей-нибудь «супругой»,
ей тоже отвратительна была.
Но тело любопытствовало подло,
изжаждалось оно, истосковалось
и до того порою доводило,
что хоть намажься, словно проститутка,
и — с первым, кто навстречу попадется,
чтобы узнать, как это происходит,
а после — в море или в монастырь.
От всех желаний, недостойных тела,
достойно осуждаемых умом,
она пыталась вылечить себя
учебой, революцией и бегом,—
и вдруг все это сразу сорвалось.
Она хотела.
                  Только не вообще,
а именно вот этого, смешного
кидателя ботинок, пиджаков,
который так, возможно, поступал,
чтоб ангелы обулись и оделись.
Она хотела. Не потом. Сейчас.
Трава сквозь спину ей передавала,
что в этом ничего плохого нет.
Она уже любила? Может быть.
Все в ней внезапно стало слабым местом.
Мелькнуло, растворясь: «Уж если падать,
то сразу и с хорошего коня».
И небо навалилось на травинки,
однако их ничуть не пригибая,
и двое стали сдвоенной природой,
и миллионы зрителей глядели
с немого муравейника на них.

248

7

А вы любили в девятнадцать лет
ту девушку, которой девятнадцать?
Две молодости прижавшиеся — зрелость,
но эта зрелость — молодость вдвойне.
Помножено все в мире стало на два:
глаза и руки, волосы и губы,
дыханье, возмущенье, надежды,
вкус ветра, море, звуки, запах, цвет.
Друг к другу так природа их швырнула,
что различить им стало невозможно,
где он, а где она и где природа,
как будто продолжался, как вначале,
бег сумасшедший без конца пути.
Их бег вдвоем был бегом от чего-то,
что надоело до смерти, обрыдло.
Их бег вдвоем был бегом через ямы
к тому, чего и не было и нет,
но все же быть должно когда-нибудь,
хотя, наверно, никогда не будет.
Их бег вдвоем был сквозь эпоху спешки,
где все бегут, но только по делам
и с подозреньем искоса глядят
на молодых, бегущих не по делу,
их осуждая за неделовитость,
как будто в мире есть дела важнее,
чем стать собой, отделавшись от дел.
Есть красота в безадресности бега,
и для двоих бегущих было главным
не то, куда бегут, а то, что — сквозь.
Сквозь все подсказки, как бежать им надо,
за кем бежать и где остановиться.
Сквозь толщу толп. Сквозь выстрелы и взрывы.
Сквозь правых, левых. Сквозь подножки ближних.
Сквозь страхи, и чужие и свои.
Сквозь шепотки, что лучше неподвижность.
Сквозь все предупреждения, что скорость
опасна переломами костей.
Сквозь хищные хватающие руки
со всех сторон: «Сюда! Сюда! Сюда!»
Но что есть выше праздника двоих,
когда им — никуда, когда им — всюду.
Они бежали, падая, вдвоем.
1978

* * *

К письму забытому притронься,
и снова вырвется из букв:
«А может, мы еще притремся?» —
как перед будущим испуг.

Так тяжела людей притирка —
трещат, ломаются борта.
Когда борьба почти притихла,
не верь, что кончена борьба.

Как встать над личным интересом,
как, уступая, не стареть
и как друг к другу притереться,
но лиц друг друга не стереть?

Притремся, друг, притремся, милый,
чтоб врозь не съела нас беда,
пока к земле внутри могилы
мы не притремся навсегда.

1979

ДВЕ ПАРЫ ЛЫЖ

Две пары лыж
               прижались нежно к дому,
молчащему,
               почти что неживому.
Но в этом доме
               мы с тобой живые.
Не сплю.
          Ты спишь.
Единственные наши часовые —
две пары лыж.
Двум парам лыж немножечко обидно,
что не дали им в доме прикорнуть.
На каждой лыже белая ложбинка,
как Млечный Путь.
Опасность хрустко бродит
                          по морозу.
Все хрупко —
               от сосулек и до нас,
и лыжи словно чувствуют угрозу,
на звезды заострясь.
Ты помнишь —
               полный солнцем снежный лес
и надпись лыжной палкой:
                          «Г. Савельев».
Внутрь букв иголок нароняли ели,
а сам Савельев,
               будто волки съели,
исчез.
И что-то страшно мне
                      за жизнь Савельева,
за сына
          с родинкой на хрупком родничке.
И мы с тобой,
               и лыжи,
                          и вселенная —
на ниточке.
Я так боюсь
               за тишину хрустальную,
за лунный свет
               на скатах спящих крыш...
Надолго ли от нас лыжню оставили
две пары лыж?

Уют,
          здоровье —
                    жалкие зацепочки
за жизнь так называемую...
                              Лишь
нажмут на кнопку,
                    и от вас ни щепочки —
две пары лыж.
Под каждой крышей —
                    тоже человечество.
Совсем не меньше ценен, чем Париж,
наш дом,
          где у крыльца луной высвечиваются
две пары лыж.
И, вслушиваясь чутко в бесконечность,
где ты во сне губами шевелишь,
на остриях
          поддерживают
                    вечность
две пары лыж.

1981

* * *

Под невыплакавшейся ивой
я задумался на берегу:
как любимую сделать счастливой?
Может, этого я не могу?

Мало ей и детей, и достатка,
жалких вылазок в гости, в кино.
Сам я нужен ей — весь, без остатка,
а я весь — из остатков давно.

Под эпоху я плечи подставил,
так, что их обдирало сучье,
а любимой плеча не оставил,
чтобы выплакалась в плечо.

Не цветы им даря, а морщины,
возложив на любимых весь быт,
воровски изменяют мужчины,
а любимые — лишь от обид.

Как любимую сделать счастливой?
С чем к ногам ее приволокусь,
если жизнь преподнес ей червивой,
даже только на первый надкус?

Что за радость — любимых так часто
обижать ни за что ни про что?
Как любимую сделать несчастной —
знают все. Как счастливой — никто.

1981

ТОМУ НАЗАД...

Тому назад,
        тому назад
смолою плакал палисад,
смолою плакали кресты
на кладбище от духоты,
и сквозь глазки сучков смола
на стенах дачи потекла.
Вымаливала молний ночь,
чтобы самой себе помочь,
и, ветви к небу возводя,
«Дождя!..—
        шептала ночь.—
            Дождя!..»
Был от жасмина пьян жасмин.
Всю ночь творилось что-то с ним,
и он подглядывал в окно,
где было шорохно,
        грешно,
где, чуть мерцая, простыня
сползла с тебя,
        сползла с меня,
и от сиянья наших тел
жасмин зажмурился,
          вспотел.
Друг друга мы любили так,
что оставалась на устах
жасмина нежная пыльца,
к лицу порхая от лица.
Друг друга мы любили так,
что ты иссякла,
        я иссяк,—
лишь по телам
        во все концы
блуждали пальцы,
        как слепцы.
С твоей груди
        моя рука
сняла ночного мотылька.
Я целовал еще, еще
чуть-чуть соленое плечо.
Ты встала,
        подошла к окну.

Жасмин отпрянул в глубину.
И, растворясь в ночном нигде,
«К воде!..—
         шепнула ты.—
                  К воде!..»
Машина прыгнула во мглу,
и там на даче,
         на полу,
лежала,
      корчась,
           простыня
и без тебя,
        и без меня.
Была полночная жара,
но был забор
        и в нем —
             дыра.
И та дыра нас завела
в кусты —
        владенья соловья.
Друг друга мы любили так,
что весь предгрозием набряк
чуть закачавшийся ивняк,
где раскачался
          соловей
и расточался
        из ветвей,
поймав грозинки язычком,
но не желая жить молчком
и подчиняться не спеша
шушуканию камыша.
Не правда это,
        что у птиц
нет лиц.
Их узнают сады,
        леса.
Их лица —
       это голоса.
Из всех других узнал бы я
предгрозового соловья.
Быть вечно узнанным певцу
по голосу,
       как по лицу!
Он не сдавался облакам,
уже прибравшим ночь к рукам,

и звал,
      усевшись на лозу,
себе на перышки грозу.
И грянул выпрошенный гром
на ветви,
      озеро
          и дом,
где жил когда-то в старину
фельдмаршал Паулюс в плену.
Тому назад,
        тому назад
была война,
         был Сталинград.
Но память
      словно решето.
Фельдмаршал Паулюс —
            никто
и для листвы,
        и соловья,
и для плотвы,
        и сомовья,
и для босого божества,
что в час ночного торжества
в промокшем платье
         озорно
со мной вбежало
       в озеро!
На нем с мерцанием внутри
от ливня вздулись пузыри,
и заиграла ты волной
то подо мной,
       то надо мной.
Не знал я,
    где гроза,
        где ты.
У вас —
     русалочьи хвосты.
И,
  хворост молний наломав,
гроза плясала на волнах
под сумасшедший пляс плотвы,
и две счастливых головы
плясали,
      будто бы под гром
отрубленные топором...

Тому назад,
           тому назад
мы вдаль поплыли наугад.
Любовь —
           как плаванье в нигде.
Сначала —
           шалости в воде.
Но уплотняется вода
так,
    что становится тверда.
Порой ползем с таким трудом
по дну,
        как будто подо льдом,
а то плывем
            с детьми в руках
во всех собравшихся плевках!
Все водяные заодно
прилежно тянут нас на дно,
и призрак
          в цейсовский бинокль
глядит
       на судороги ног.
Теперь, наверно, не к добру
забили прежнюю дыру.
Какой проклятый реваншист
мстит
      за художественный свист?
Неужто призраки опять
на горло будут наступать,
пытаясь всех, кто жив-здоров,
отгородить от соловьев?
Неужто мир себя испел
и вместе с голосом истлел
под равнодушною травой
тот соловей предгрозовой?!
И мир не тот,
             и мы не те
в бессоловьиной темноте.
Но, если снова духота,
спой, соловьеныш,
                 хоть с креста
на кладбище,
            где вновь смола
с крестов от зноя поползла.
Пробей в полночную жару

в заборе голосом дыру!
А как прекрасен стал бы мир,
где все заборы —
                                лишь из дыр!
Спой, соловьеныш,
                        подпою,
как подобает соловью,
как пел неназванный мой брат
тому назад,
                        тому назад...

1981

ЗАБЫТАЯ ШТОЛЬНЯ

«Пойдем на Холодную гору
                    в забытую штольню!»
«За что эту гору Холодной назвали?
                    За что эту штольню забыли?»
«Не знаю про гору,—
                    наверно, там холодно, что ли...
А штольня иссякла,
                    и вход горбылями забили».
«Не все иссякает,
                    что нами бывает забыто».
«Сначала не все,
                    но когда-нибудь все иссякает...»,—
и женщина,
          резко граненная,
                    будто бы горный хрусталь Суомтита,
берет два фонарика
                    и разговор пресекает.
Она кристаллограф.
                    В ней есть совершенство кристалла.
Обрежешься,
          если притронешься к ней ненароком,
и я поражаюсь,
          что к ней ничего не пристало,
и сам к ней боюсь приставать.
                    Я научен был горьким уроком.
«Вы, значит, хозяйка
                    хрустальной горы на Алдане?»
«Хозяйка себя»,— обрезает она с полулета,
и все, что я думаю втайне о ней,—
                    это полугаданье,
и полубоязнь,
          и, пожалуй, еще получто-то.
И мы поднимаемся в гору,
                    топча стебельки молочая,
и мы отдираем трухлявые доски
                    в узорах морозных искринок,
и входим в забытую штольню,
                    двумя голубыми лучами качая,
споткнувшись о ржавые рельсы,
                    где к шпале примерз ботинок.
Фонарики пляшут
          по хоботам сонных сосулищ,

по дремлющим друзам,
и кажется —
в штольне невидимо прячется некто,
и с полурассыпанным
грустно сверкающим грузом
лежит на боку
перевернутая вагонетка.
Мы оба исчезли —
на стенах лишь два очертанья,
и только,
друг к другу принюхиваясь понемногу,
два теплых дыханья
плывут перед нашими ртами,
как белые ангелы,
нам указуя дорогу.
Две черные тени
как будто пугаются слиться
на обледенелой стене,
где в проломе кирка отдыхает,
и чья-то пустая
брезентовая рукавица
хотела бы сжать
хоть пол-облачка наших дыханий.
Здесь умерло время.
Здесь только скольженье,
круженье
теней отошедших.
Я только на них полагаюсь.
Со мною скорее не женщина —
предположенье,
и я для нее не совсем существую,
а предполагаюсь.
И горный хрусталь
разливает по сводам сиянье,
и дальнее пение
слышу не слухом, а телом,
как будто идут катакомбами
римские христиане,
идут к нам навстречу,
качая свечами,
все в белом.
Еще в инквизицию
не превратилась крамола,
костер не обвил еще Жанну д'Арк,
ее тело глодая...

«Вы знаете, странное чувство,

                              что здесь, под землею,
                                      я молод».
«Похожее чувство — и я под землей молодая».
«А дальше идти не опасно?»

                              «Конечно, опасно.
Но жить — это тоже опасно.

                              От этого мы умираем.
Когда на прекрасной земле

                              еще столь непрекрасно,
то даже подземное,

                      будто надземное,

                              кажется раем».
«Что это за рай,

                  если вход заколочен крест-накрест?
Хрусталь в одиночестве

                      тоже теряет хрустальность.
Простите меня

                  за мою делитантскую наглость,—
а не преждевременно

                      люди со штольней расстались?»
«Я думаю, есть преждевременность вовремя».

                                      «Разве?»
«А вам бы хотелось увидеть

                      хрустальное царство
                          растоптанным садом?
Боюсь, если люди полезут

                      непрошено в рай все,
то рай поневоле

                  окажется истинным адом».
«А если обвалится штольня?»

                      «Обобранность хуже обвала».
«Вас что, обобрали?»

                      «Да, в жизни мне крупно досталось,
но я, словно штольню,

                      крест-накрест себя забивала,
чтоб в душу не лезли,

                  не хапали все, что осталось».
«Вы что — обо мне?»

                      «Вы, ей-богу, напрасно сердитый...
Вогляните на штольню —

                  как зимний собор опушенный!
Уж лучше прожить преждевременно

                              самозакрытой,
чем стать преждевременно опустошенной».

...Хозяйка хрустальной горы,

                              вы, пожалуй, святая,
но страшно идти

               вашей мертвой хрустальной державой,
где хочет,

          от рельсов себя отодрав,

                              рукавица пустая
наполниться вновь

               человечьей рукою шершавой.
Хозяйка хрустальной горы,

               моя штольня почти безнадежна,
но доски крест-накрест:

                    как будто петля

                              или выстрел.
Я буду кайлить,

               приковав себя к тачке острожно,
пока до хрусталинки,

                  все, что во мне,

                              я не выскреб!
И я не хочу,

          не могу забивать в себя входы,
как рыцарь скупой,

               любоваться припрятанным блеском.
В закрытости нашей — удушье безлюдной свободы.
Свобода смертельна,

               когда разделить ее не с кем.
А смерть

     с инквизиторским капюшоном
готовит и мне преждевременно пакость,
но лучше уж смерть

               до хрусталинки опустошенным,
чем выжить с хрустальной душой,

                    но забитой крест-накрест!
...И так мы идем да идем

               сквозь Холодную гору,
где горный хрусталь

               ощетинился остроугольно,
и прячется вечность,

               прислушиваясь к разговору.
И вечности больно за нас

               и за штольню забытую больно.
И женщина кажется

               полуразмытой и млечной,
и, может быть, это не женщина —

                    просто лучистость.

Лишь полуслучился у нас разговор,
                          но закон есть извечный:
все полуслучившееся —
                          случилось.
И нечто без имени
                     нас и хрусталь производит,
и нечто без имени
                     двигает звездами,
                                     нами,
и все, что сейчас
                     происходит и не происходит,
уже переходит
                     в далекие воспоминанья.

1978—1983

ЯСНАЯ, ТИХАЯ СИЛА ЛЮБВИ

Сила страстей — преходящее дело.
Силе другой потихоньку учусь.
Есть у людей приключения тела.
Есть приключения мыслей и чувств.

Тело само приключений искало,
а измочалилось вместе с душой.
Лишь не хватало, чтоб смерть приласкала,
но оказалась бы тоже чужой.

Все же меня пожалела природа,
или как хочешь ее назови.
Установилась во мне, как погода,
ясная, тихая сила любви.

Раньше казалась мне сила огромной,
громко стучащей в большой барабан.
Стала тобой. В нашей комнатке темной.
палец свой строго прижала к губам.

Младшенький наш неразборчиво гулит,
и разбудить его — это табу.
Старшенький каждый наш скрип караулит,
новеньким зубом терзая губу.

Мне целоваться приказано тихо.
Плач целоваться совсем не дает.
Детских игрушек неразбериха
стройный порядок вокруг создает.

И подчиняюсь такому порядку,
где, словно тоненький лучик, светла
мне подшивающая подкладку
быстрая бережная игла.

В дом я ввалился, еще не отпутав
в кожу вонзившиеся глубоко
нитки всех злобных дневных лилипутов.
Ты их отпутываешь легко.

Так ли сильна вся глобальная злоба,
вооруженная до зубов,

как мы с тобой, безоружные оба,
как безоружная наша любовь?

Спит на гвозде моя мокрая кепка.
Спят у порога тряпичные львы.
В доме все крепко, и в жизни все крепко,
если лишь дети мешают любви.

Я бы хотел, чтобы высшим начальством
были бы дети — начало начал.
Боже, как был Маяковский несчастен
тем, что он сына в руках не качал!

В дни затянувшейся эпопеи,
может быть, счастьем я бомбы дразню?
Как мне счастливым прожить, не глупея,
не превратившимся в размазню?

Темные силы орут и грохочут —
хочется им человечьих костей.
Ясная, тихая сила не хочет,
чтобы напрасно будили детей.

Ангелом атомного столетья
танки и бомбы останови
и объясни им, что спят наши дети —
ясная, тихая сила любви.

1981

ЭТАЖ МАТЕРИНСТВА

На улице Перси Биши Шелли
все здания серые похорошели.
В Озерной Школе промокших пеленок
родился ребенок.
Подошвы свои отскребите от грязи
                и погасите ваш «Винстон».
Этаж материнства.
Рождается в женщине мать
             и страданьем своим наслаждается.
Рождается сын — с ним отец его тоже рождается.
И все возрождается под небесами:
и спичек мильоны
           становятся снова лесами.
Снег русский на Бормус летит,
          превращаясь в английские ливни,
и белые пятнышки трубок «Данхилл»
           превращаются снова
               в слоновые бивни.
Бифштексы срастаются снова в коров.
          Наполняются рек пересохшие устья.
Из банок с гусиным паштетом
         летят в облака возрожденные гуси.
В «Конкорде» домой возвращается мост,
        что в Америку продан на вынос.
Замшелые камни моста в первом классе сидят
             и пьют себе «Гиннес».
И все это сделал наш сын —
        наше чудо с морщинистым личиком.
Он мост между мной и тобой.
Никому не удастся
        его разобрать по кирпичикам!
Он требует грудь.
        Аппетит у него жесточайший.
Он между народами нашими
          мостик хрупчайший,
           тончайший.
Любимая, дай ему двигаться,
         не пеленай его туго!
О, если бы все народы,
        как мы, любили друг друга!
Но почему они сморщены —
          новорожденные дети?

Они заранее морщатся
                        от гадостей всяких на свете.
А корреспондент в палате
                        уже с авторучкой тычется
и между ребенком и грудью
                        вставляет вопрос политический.
Не троньте этаж материнства
                        и мальчика моего.
Не портите
            матери
                молоко!
Не дам я в обиду сына,
                        из матери яростно пьющего,
завернутого, как в пеленки,
                        в страницы Шекспира и Пушкина.
Потомок ирландских разбойников,
                        сибирских крестьян-бедолаг,
завернут он в Джолли Роджер
                        и в парус байкальских бродяг.
Я вижу индуса в прихожей
                        со странным рулоном под мышкой.
Развертывает.
            Это коврик.
                        Встает на колени с одышкой.
И шепчет он, сняв ботинки,
                        застенчивый нелюдим,
молитву за сына, который
                        родился рядом с моим.
И чтоб не случилась английская
                        и русская Хиросима,
да будет земля всей планеты
                        ковром для молитвы за сына!
На этаже материнства
                        крик торжествующий взвился —
крик англо-русского чуда
                        в руках медсестры мисс Вилсон.
Голого, словно истина,
                        поднял нашего сына
бог в белом халате, скрытый
                        под именем доктора Сида.
Мы мало живем на свете.
                        Как минимум, надо лет триста!
О, если б решалось все в мире
                        на этаже материнства!

1982

ХРАНИТЕЛЬНИЦА ОЧАГА

Джан

Собрав еле-еле с дорог
расшвырянного себя,
я переступаю порог
страны под названьем «семья».

Пусть нету прощения мне,
здесь буду я понят, прощен,
и стыдно мне в этой стране
за все, из чего я пришел.

Набитый опилками лев,
зубами вцепляясь в пальто,
сдирает его, повелев
стать в угол, и знает — за что.

Заштопанный грустный жираф
облизывает меня,
губами таща за рукав
в пещеру, где спят сыновья.

И в газовых синих очах
кухонной московской плиты
недремлющий вечный очаг
и вечная женщина — ты.

Ворочает уголь лет
в золе золотой кочерга,
и вызолочен силуэт
хранительницы очага.

Очерчена золотом грудь.
Ребенок сосет глубоко...
Всем бомбам тебя не спугнуть,
когда ты даешь молоко.

С годами все больше пуглив
и даже запуган подчас
когда-то счастливый отлив
твоих фиолетовых глаз.

Тебя далеко занесло,
но, как золотая пчела,
ты знаешь свое ремесло,
хранительница очага.

Я голову очертя
растаптывал все на бегу.
Разрушил я два очага,
а третий, дрожа, берегу.

Мне слышится топот шагов.
Идут сквозь вселенский бедлам
растаптыватели очагов
по женским и детским телам.

Дорогами женских морщин
они маршируют вперед.
В глазах гуманистов-мужчин
мерцает эсэсовский лед.

Но тлеющие угольки
растоптанных очагов
вцепляются в каблуки,
сжигая заснувших врагов.

А как очищается суть
всего, что внутри и кругом,
когда освещается путь
и женщиной, и очагом!

Семья — это слитые «я».
Я спрашиваю — когда
в стране под названьем «семья»
исчезнут и гнет, и вражда?

Ответь мне в ночной тишине,
хранительница, жена,—
неужто и в этой стране
когда-нибудь будет война?!

1983

* * *

Не отдала еще
всех моих писем
                    и не выбросила в хлам,
но отдаляешься,
как будто льдина, где живем —

                                    напополам.
Ты спишь безгрешнейше,
ты вроде рядом —

                        только руку протяни,
но эта трещина
скрежещет мертвенным крахмалом простыни.
Ты отдаляешься,
и страшно то, что потихоньку,

                                    не спеша.

Ты отдаляешься,
как от меня,

                    еще не мертвого,

                                    душа.

Ты отбираешь все —
и столько общих лет,

                        и наших двух детей.
Ты отдираешься
живою кожей

                    от живых моих костей.
Боль отдаления
кромсает,

            зверствует.

                        На ребрах — кровь и слизь
вдоль отломления
двух душ,

            которые почти уже срослись.
О, распроклятое
почти что непреодолимое «почти»!
Как

    все распятое,
или почти уже распятое —

                            спасти?
Легко,

        умеючи,—
словно пираньи, лишь скелет оставив дну,—
сожрали мелочи
неповторимую любовь еще одну.

Но пожирательство,
оно заразно,
        словно черная чума,
и на предательство
любовь, что предана,
            пошла уже сама.
И что-то воющее
в детей вцепляется,
          не пряча в шерсть когтей.
Любовь —
      чудовище,
что пожирает даже собственных детей.
За ресторанщину,
за пожирательство всех лучших твоих лет
я христианнейше
прошу — прости,
        не пожирай меня в ответ.
Есть фраза пошлая:
у женщин прошлого, как говорится, нет.
Я — твое прошлое,
и, значит, нет меня.
           Я — собственный скелет.
Несу я с ужасом
свои останки во враждебную кровать.
Несуществующим
совсем не легче на земле существовать.
Моя любимая,
ты воскреси меня,
        ребенка своего,
лепи,
    лепи меня
из всех останков,
        из себя,
           из ничего.
Ты —
    мое будущее,
моя мгновенная и вечная звезда.
Быть может, любящая,
но позабывшая, как любят...
         Навсегда?

1984

* * *

Никто не спит прекраснее, чем ты.
Но страшно мне,
                          что ты вот-вот проснешься,
и взглядом равнодушно вскользь коснешься,
и совершишь убийство красоты.

1984

* * *

Когда уйду я в никогда,
ты так же будешь молода —
я за тебя состарюсь где-то
в своем посмертном вечном гетто,
но не впущу тебя туда —
ты так же будешь молода.

1984

* * *

Наверно, с течением дней
я стану еще одней.

Наверно, с течением лет
пойму, что меня уже нет.

Наверно, с теченьем веков
забудут, кто был я таков.

Но лишь бы с течением дней
не жить бы стыдней и стыдней.

Но лишь бы с течением лет
двуликим не стать, как валет.

И лишь бы с теченьем веков
не знать на могиле плевков!..

1984

* * *

Какое право я имел
иметь сомнительное право
крошить налево и направо
талант,
      как неумелый мел?

1981

А НА КОМАНДОРАХ

А на Командорах
                    любовный рев на лежбище,
так что и не хочешь,
                    а захочется любви.
Ластами ластятся
                    котики нежничающие
или бьются насмерть,
                    вставая на дыбы.
А на Командорах
                    пары полуночников,
и в золотые зубы рыбкооповских дев
прыгает морошка
                    из фуражек пограничников,
от стыда притворного
                    полупокраснев.
А на Командорах
                    без осин — подосиновики,
крепенькие,
                    свеженькие,
                              без червей,
а глаза у ирисов
                    подлые,
                              синие,
заманивают в топи,
                    мазута черней.
И я, словно сивуч,
                    хватаясь хоть за маленькую
надеждинку выжить,
                    подыхаю ползком,
готовый попасться
                    на любую заманинку —
лишь бы поманили пальчиком,
                              глазком.

Не до побед любовных,
                    а мне бы хоть ничью,
но снова превращается
                    в жестоком озорстве
пальчик поманивший
                    в пятерню охотничью,
которая дрыном
          бьет по голове.

А ты,
           белоснежностью крепенькой
                                притягивая,
каждой земlinкой
                   на коже дрожа,
как мраморный гриб,
                   взошедший на ягеле,
прыгнула в руки сама,
                   без ножа.
И, волосы высвободив, как по амнистии,
да так, что они завалили лицо,
резинку от них с двумя аметистинками
надела на палец мне,
                   словно кольцо.
А он так болит от кольца обручального,
которое выбросил я над Курой
со всею отчаянностью обреченного
все кольца считать лишь обманной игрой.
А на Командорах
              такие ночки,
что можно провалиться в мокреть
                              и взреветь,
хватаясь за бархатные склизкие кочки,
словно за груди тундровых ведьм.
А на Командорах
              такая морось,
что колья для сетей
                   принимаешь за людей.
За что же цепляться?
                   За чужую молодость?
Чужая молодость не станет твоей.

1986

АЛДАНОЧКА

Долгожданочка-алданочка
смотрит:
        гость или жиган!
На плече ее —
        берданочка,
где в любом стволе —
          жакан.
В том, что гость,
        удостоверилась,
колупнула мох носком
и не то, чтобы доверилась,
а примерилась глазком.
У нее повадка соболя.
Зорко села на крыльцо
и под веер приспособила
глухариное крыло.
И во всех
        движеньях мягонькая,
сеньорита трех дворов
смотрит искоса, отмахивая
камарилью комаров.
И мантилья накомарника
чуть дрожит настороже,
ну а я молчу,
        как маленький,
хоть и старенький уже.
Трудно строю самокруточку —
я на это не мастак.
Говорю словами шуточку,
а без слов примерно так:
«Я почти уже пропал,
растерял я адреса.
На заимку я попал
из Буэнос-Айреса.
Тот, кто сжег два дома,— тот
рад и шалашу.
Третий дом сгорит вот-вот,
а я не гашу.
Не охальник я ничуть,
но в избу свою
не пускайте прикорнуть —
и ее спалю.

Я забыл, кто я таков.
Я — сплошной изъян.
Я отнюдь не с облаков,
а скорей из ям.
Я в тайге среди коряг,
лакомый ножу,
из особенных бродяг —
сам в себе брожу.
И такие там болота,
непроруб,
        непроворот,
но голубенькое что-то
потихонечку цветет.
Столько в жизни назапутал,
все, что делал,— все не то,
а я весь — из незабудок.
Не могу забыть ничто.
Все порушил, все разбил,
но поверьте мне, вралю:
никого не разлюбил,
никого не разлюблю.
Осыпается сараночка,
как ее ни размахровь!
Не в любви любовь, алданочка,
есть еще неразлюбовь.
Вы так молоды сейчас
и прекрасны до поры,
и, за вами волочась,
вас вкушают комары.
Я немножко староват,
но у этого крыльца
разрешите постоять
возле вашего лица».

1986

СВАТОВСТВО

В Сибири когда-то был на первый взгляд варварский, но муд-
рый обычай. Во время сватовства
невеста должна была вымыть ноги жениху, а после выпить эту
воду. Лишь в этом случае невеста
считалась достойной, чтобы ее
взяли в жены.

Сорок первого года жених,
　　　на войну уезжавший назавтра
　　　　　　　　　　в теплушке,
был посажен зиминской родней
　　　　　　на поскрипывающий табурет,
и торчали шевровых фартовых сапог
　　　　　　　　еще новые бледные ушки
над загибом блатных голенищ,
　　　　　на которых играл золотой
　　　　　　　　　　　керосиновый свет.
Сорок первого года невеста
　　　　вошла с тяжеленным
　　　　　　　　расписанным розами тазом,
где, тихонько дымясь,
　　　　　　　колыхалась тревожно вода,
и стянула она с жениха сапоги,
　　　　　обе рученьки ваксой запачкала разом,
размотала портянки
　　　　　　и делала все без стыда.
А потом окунула она
　　　　　его ноги босые в мальчишеских цыпках
так, что, вздрогнув невольно,
　　　　вода через край на цветной половик
　　　　　　　　　пролилась,
и погладила ноги водой
　　　　с бабьей нежностью пальцев
　　　　　　　　девчоночьих зыбких,
за алмазом алмаз
　　　　в таз роняя из глаз.
На коленях стояла она
　　　　　перед будущим мужем убитым,
обмывая его наперед, чтобы если погиб —
　　　　　　　то обмытым,
ну а кончики пальцев ее
так ласкали любой у него на ногах волосок,

словно пальцы крестьянки —
                              на поле любой колосок.
И сидел ее будущий муж —
                              ни живой
                                        и ни мертвый.
Мыла ноги ему,
                а щеками и чубом стал мокрый.
Так прошиб его пот,
                     что вспотели слезами глаза,
и заплакали
            родичи
                    и образа.
И когда наклонилась невеста,
                             чтоб выпить с любимого воду,—
он вскочил,
            ее поднял рывком,
                               усадил ее, словно жену,
на колени встал сам,
                     с нее сдернул
                                   цветастые чесанки с ходу,
в таз пихнул ее ноги,
                      трясясь, как в ознобном жару.
Как он мыл ее ноги —
                     по пальчику,
                                  по ноготочку!
Как ранетки лодыжек
                    в ладонях дрожащих катал!
Как он мыл ее!
               Будто свою же
                             еще не рожденную дочку,
чьим отцом
           после собственной гибели будущей стал!
А потом поднял таз
                   и припал — аж эмаль захрустела
                                   под впившимися зубами
и на шее кадык заплясал —
                          так он пил эту чашу до дна,
и текла по лицу,
                 по груди,
                           трепеща, как прозрачное,
                                    самое чистое знамя,
с ног любимых вода,
                    с ног любимых вода...

1986

ТРЕТИЙ РАЗВОД

Почему многие
            начинают сутулиться слишком рано
и ходят придавленно сами не свои?
Потому что у них на плечах тяжело,
                        деревянно
невидимый гроб
            похороненной ими любви.
А у меня на плечах
            целое кладбищенское многоэтажье.
Я — Квазимодо,
        у которого гроб — на гробу,
                словно горб — на горбу.
Моя Эсмеральда разноименна,
                хотя ее участь одна и та же.
Морщины нечаянных убийств
                у меня, как могилы, на лбу.
Не любившие, не завидуйте:
                «Как он любвеобилен...»
Кто-то из нас несчастней —
                либо я,
                        либо вы.
Если вы никого не любили,
                значит, вы никого не убили.
Отсутствие любви оправдано
            отсутствием убийства любви.
Какие вы хорошие,
            какие вы праведнички,
не любившие нигде,
                никого,
                    никогда.
Я бы вам, примерным отличникам,
                дал бы медовые прянички,
а себе —
        наручники в зале суда.
«На недельку, до второго
я уеду в Комарово...» —
распевает Игорь Скляр.
Я уехал бы туда же,
а, быть может, и подальше,
но хочу суда без фальши,
человек,
        а не фигляр.

Я
  отказываюсь
                от адвоката.
Я предлагаю себя самого
в качестве не адвоката,
                     а ката.
Я, говорят,
           как палач — ничего.
Не надо мешка
со стыдливыми прорезями.
Исподтишка
не казните банальными прописями.
Я сам, если надо,
                себя казню,
лишь бы покончить скорее всю вашу
на крокодильих слезах и с вареньицем кашу-малашу,
нравоучительную размазню.
Пишите с терпением вашим воловьим,
наморщив свои подъяремные лбы:
«Полностью виновен
в убийстве любви».

        «Вы на себя наговариваете! —
восклицают непрошенные медсестры души и тела.—
А разве ваша жена — не убийца любви,
                если развода сама захотела?
Вы, простите, большой донжуан,
               и, вообще, не подарочек,
но у вашей жены был роман,
         а это уже непорядочно!»
И они надвигаются,
      сверля сердобольными глазами прожекторно,
такие порядочные,
             такие свои
загоняя в угол грудьми,
        готовыми к самопожертвованью,
раздувая ноздри,
          учуявшие пепел семьи.
Как хотел бы стать я Скляром
и запеть над Бабьим Яром,
над чернобыльским пожаром,
над земным несчастным шаром,
заигравшимся в войну:
«...и на море буду разом
кораблем и водолазом.
Сам себя найду в пучине,

если часом затону».
Не могу, увы!
              Мой разум
и любовь —
идут ко дну.
Утопил жену,
            как Разин
ту персидскую княжну.
Не надо трагедию
                   называть непорядочностью,
                          блаженствуя.
Все три моих развода
                считаю моей,
                    и только моей виной.
У меня никогда не было
                 ни одной непорядочной женщины.
Каждая женщина порядочна
                  тем, что была со мной.
Я не забыл мою первую женщину на Алтае,
когда мои зубы подростка
                  клацали о край ковша,
и она разрывала бретельки бюстгальтера,
                   вдовьей тоской налитая,
мне в плечо прорыдав:
                  «Докатилась я до малыша...»
Я не забыл
рябую добрейшую подавальщицу Клаву с Ордынки,
которая мне отдавалась
                   на липкой клеенке стола,
потому что в кровати,
                  телами заткнув одеяльные дырки,
троица малых детишек,
               посапывая,
                   спала.
А моя первая интеллигентная женщина —
                       одесситка Лена
сшила мне первый галстук,
                 потрясший всю Горький-стрит,
и была первая, кто поверил,
                 что я первый поэт вселенной,
хотя этот факт, конечно,
                 еще доказать предстоит.
Меня бескорыстно любили
            под ковровыми «Тремя богатырями»,
в заснувшем портальном кране,

на автомобильном крыле,
и волосы Наташи с Патриарших Прудов
        запрокидывались в треугольной чердачной раме
с попавшими в них нечаянно
                            рубинами на Кремле.
И когда в Италии,
        стараясь держать себя, как ни в чем не бывало,
я поднял над головою
                    золотого венецианского льва,
мне подмигнула издали,
        высунувшись из марьинорощинского подвала,
одной задушевной оторвы
                        вся в бигуди голова.
Импотенты меня обвиняют
                    в шампанщине и донжуанщине.
А я никого не забыл,
                по земле колеся,
и у меня не с чего-то,
                    а именно с любви к женщине
начиналась любовь к жизни,
                    и в этом разгадка вся.
И когда враги
            и соратники
наносили мне не царапинки,
а глубокие грязные раны,
                то их жены звонили мне
и, презрев мужей своих каменность,
вместо них устыженно каялись,
не мараясь в мужской войне.
Три любовных трагедии —
                это достаточно для самоубийства.
Каждый развод костями хрустит,
                        как пыточное колесо.
Но я, и к несчастью и к счастью,
                        как в женщину,
                        в жизнь влюбился,
а жизнь, хотя и терзает,
                    не дает развода, и все...
Я позволяю себе эту роскошь —
жить
    и, как минимум, навсегда!
Я не повешусь
            и в реку не брошусь —
можете жаловаться,
                господа!

285

И в легкомысленно сдвинутой кепочке
выживу я,
            всему вопреки.
Мне для зацепочки
                    хватит и щепочки —
лишь бы из женской руки...

1986

***

Девочка, меня любить не стоит —
ведь в моей мальчишеской душе,
с хрипом кровь отхаркивая, стонет
кто-то умирающий уже.

Ну а кто-то прыгает бесенком
в полумертвом теле босиком
и в полубреду моем бессонном
надо мной смеется, стариком...

1986

ПРОЩАНИЕ

Слушай, девочка,
            ты извини за перронно-базарный стиль
обращенья такого,
                но все-таки девочка ты,
а меня уже время сдает
            за мою заржавелость —
                        в утиль,
но утиль,
        переплавясь,
                пойдет
                    на пропеллеры и мосты.
Я как сломанный лом,
                превратившийся в металлолом.
Почему я сломался?
                Стена оказалась потверже, чем я,
но все то, что пробил,
                не останется только в былом,
и сквозь стены, пробитые мною,
                        прорвутся мои сыновья.
Как во взятую крепость,
                войдут они в будущий мир,
позабыв,
        сколько лили на головы наши
                        кипящей смолы.
Я своею башкою
        дыру продолбил, проломил,
и тюремным цементом
                замазать ее не смогли.
Слушай, девочка,
        ты неразумно ошиблась в одном,
ибо просто по младости,
                впопыхах
вышла замуж не за человека —
                за грубый неласковый лом
у истории
        и у России в руках.
Слушай, девочка,
                я благодарен тебе за все,
и прости, если был ненарочно жесток.
Лом
    покорно
        не скручивается в колесо

мирной швейной машины,
                    стрекочущей, словно сверчок.
Посреди тошнотворно домашних
                    «нормальных мужей»,
а за стенами дома —
                    извилистых, словно ужей,
изменяющих женам,
                    с презренным пустым ремеслом,
не хочу оказаться.
                    Немыслим извилистый лом.
Слушай, девочка,
                    нет, я не Пушкин, а ты не Дантес,
не считаю тебя
                    ни коварной,
                              ни злой.
Но у лома совсем не спасителен
                    мнимой железности вес.
Можно лом уничтожить иглой.
Слушай, девочка,
                    я понимаю, что я виноват.
Я хотел измениться.
                    Не вышло,
                              не смог.
Черенки изменяются лишь у лопат.
Лом — он цельное тело.
                    Не нужен ему черенок.
И когда-нибудь,
                    возле руин крепостных
                              на экскурсии остановясь,
ты поймешь,
                    как тебя и детей я любил,
потому что для вас,
                    потому что за вас
вместе с этой стеной крепостной
                    я себя раздробил...

1986

ЦИЦИНАТЕЛЫ

Дом вынут из дома,

             который тобою покинут.

Гульрипшская ночь,

          а у берега воет Байкал,

и только твой призрак,

        оставшийся верным,

                  не вынут

из Черного моря,

       из глуби дрожащих от шторма зеркал.

Покинула ты,

      как душа,

           еще, кажется, целое тело,

но нет и его —

         как морскою водой унесло.

Я — лишь очертанья себя.

      Сквозь меня светляки пролетают —

             приморские цицинателы,

как будто я лишь уплотнившийся сумрак,

                 и все.

Я благославляю тебя.

        Ни к кому не ревную —

ревную к себе,

      когда был я так счастлив и глуп,

и воздух над морем —

     как будто страна,

         где живут уцелевшие поцелуи,

но только отдельно от наших,

          другими украденных губ.

Нет сил на заклятья.

      Нет права в любви на проклятья.

Байкал или Черное море бессмысленно

            в ступе толочь,

и цицинателы —

    как будто бы блески лукаво

         шуршащего черного платья

великой,

    немыслимо старой актрисы

          по имени — ночь.

Мы с этой актрисой

       немало сыграли на пару

на сценах подмокших подвалов

      и запаутиненных чердаков.

Она не пропала.
Она удержалась
                     в глазах поколений других,
                                             не упала.
Я не удержался.
                   Я только один из ее светляков.
Запутался я, как светляк,
                           но не в гриве Пегаса,
а в гриве ракетной
                     у атомных новых Атилл.
Запутаться —
              это не менее страшно,
                                   чем вовсе погаснуть,
а я еще не насветился,
                         а я еще не досветил.
Зачем, обманув и себя, и меня,
                               ты когда-то взлетела
над кваканьем сонных лягушек
                               в беззвездную высь?
Зачем,
        поджигая себя и меня,
                             ты прижалась, как цицинатела,
и два светлячка беззащитных
                             от нас родились?
Зачем в этом воздухе,
              где радиация стала страшнее,
                                         чем пули,
поднявшись в неверное небо
                           с такой же неверной земли,
мы так ослепительно, и ослепленно,
                             и коротко так просверкнули
и не помогли нашим детям,
                     а мгле помогли!

1986

ПОСЛЕДНЯЯ ПОПЫТКА

*Моей жене Маше, подарившей
мне с той поры, как было написано
стихотворение, двух сыновей — Женю
и Митю.*

Е. Е. 1993

Последняя попытка стать счастливым,
припав ко всем изгибам, всем извивам
лепечущей дрожащей белизны
и к ягодам с дурманом бузины.

Последняя попытка стать счастливым,
как будто призрак мой перед обрывом
и хочет прыгнуть ото всех обид
туда, где я давным-давно разбит.

Там на мои поломанные кости
присела, отдыхая, стрекоза,
и муравьи спокойно ходят в гости
в мои пустые бывшие глаза.

Я стал душой. Я выскользнул из тела,
я выбрался из крошева костей,
но в призраках мне быть осточертело,
и снова тянет в столько пропастей.

Влюбленный призрак пострашнее трупа,
а ты не испугалась, поняла,
и мы, как в пропасть, прыгнули

                         друг в друга,
но, распростерши белые крыла,
нас пропасть на тумане подняла.

И мы лежим с тобой не на постели,
а на тумане, нас держащем еле.
Я — призрак. Я уже не разобьюсь.
Но ты — живая. За тебя боюсь.

Вновь кружит ворон с траурным отливом
и ждет снежинки — как на поле битв.
Последняя попытка стать счастливым,
последняя попытка полюбить.

Петрозаводск
1986

ЧЕРНАЯ СМОРОДИНА

Черной смородины черные очи,
будто сгущенные капельки ночи,
смотрят и спрашивают безотчетно
или о ком-то или о чем-то.

Выклюет дрозд-попрыгунчик проворный
черные очи смородины черной,
но сохраняют завертины омута
память о ком-то или о чем-то.

Не заходите в память любимых.
Бойтесь вы омутов этих глубинных.
Даже не ты — твоя старая кофта
помнит о чем-то или о ком-то.

И после смерти хотел бы я честно
жить в тебе вечно не кем-то, а чем-то,
напоминая, как грань горизонта,
только о чем-то, только о чем-то...

1991

РОДИНКА

Не хочется менять постели
той, на которой ты спала,
и проступает еле-еле
на простыне твоя спина.
Твой самолет над Машуком,
а одеяло дышит мятою,
и я целую ямку,
                вмятую
вдаль улетевшим локотком.
Постель,
        союзница-колдунья
двух тел —
            двух слитков полнолунья,
хоть очертания любимой
восстанови
           и светом вымой.
Постель,
        наш добрый ангел белый,
ты из шуршанья шепот сделай,
дай мне с прозрачного виска
хоть золотинку завитка,
а из морщинок простыни
заколку,
       что ли,
             протяни.
Любимая,
        ты в облаках,
но тень твоя в моих руках.
Твой тапочек скулит в саду,
но на подушке,
             как смородинку,
тобой уроненную родинку
я утром все-таки найду.

1991

ПРИНЦЕССА НА ГОРОШИНЕ

Усни,
        принцесса на горошине,
в сны очарованно всмотрясь.
А, может быть,
            была подброшена
жемчужина под твой матрас?
Усни,
        принцесса на горошине.
Себе заметить не позволь,
что болью стала так непрошенно
воображаемая боль.
Усни,
        принцесса на горошине,
не на перинах-облаках,
а на ножах,
            на оговорщине,
на раскаленных угольках.
Договоримся по-хорошему —
ты не одна,
            а ты со мной.
Усни,
        принцесса на горошине,
которой стал весь шар земной.

1991

МОНОЛОГ ЧУЧЕЛА

Когда мое чучело жгли
                    милосердные братья-писатели,
слава Богу, его не пыряя в живот
                    перочинным ножом,
на меня они зря
                    полбутылки бензина истратили,
потому что давно
                    сам собой я сожжен.
Я,
    вдыхая дерьмо человечье,
                    не слишком ароматическое,
охранял в огородишке
                    рядом с уборной
                            редиску и лук.
Я торчал слишком долго,
                    как чучело романтическое,
мир стараясь обнять неуклюже
                    распялками рук.
Был набит я соломой.
                    Я не замечал, как меняется
жизнь вокруг
            и как нагличают воробьи.
Я сгорел в наказанье
                    за быструю воспламеняемость
и в политике,
            и в любви.
Уцелел только остов обугленный,
                    дымом окутанный,
но огонь мои руки не смог до конца
                    обломать.
Я в золе от себя самого догорал,
                    а сожженными культями
все хотел обнимать,
                    обнимать,
                            обнимать...
И когда, дожигая меня,
                    чиркнуть спичкой собратьям приспичило,
я услышал завистливый, злой шепоток палача:
«Ишь чего захотело ты, чучело,
                    ишь ты, чумичило...
Ты себя возвеличило слишком,
                    над редькой и репой торча...»

И я вспыхнул
          последним, предсмертно синеющим пламенем,
как горящий пожарник,
              который себя не сберег от огня.
Все мои ордена,
            словно пуговицы,
                            расплавило.
Если СССР погорел,
                  почему бы не сжечь и меня?
И когда шовинюги
              еще доплеснули бензина на чучело
и ноздрями запел сладострастно
          генштабовский соловей,
необъятная дворничиха —
                  женщина чуткая
подметала мой пепел
          метлой задушевной своей.
А все дамочки сладенькие
              и все мальчики гаденькие
наблюдали за судорогами
                      последних гримас лица,
и подлили в огонь соратники,
              благородные шестидесятники,
на прощание
          мас-
              ли-
                ца.
Что там на пепелище
              ты, любимая, ищешь —
может быть, мое сердце,
              уцелевшее после всего?
Видно, что-то в нем было,
              если сердце любило,
и оно не забыло,
          как любили его.

1992

СОДЕРЖАНИЕ

Евтушенко Е.

Е27　Нет лет: Любовная лирика.— СПб.: Худож. лит., 1993.— 304 с.

ISBN 5-280-02949-1

Любовная лирика Евгения Евтушенко (р. 1933) с огромным успехом выходила в Италии, США, Англии, став поэтическим бестселлером, но в нашей стране такой сборник выходит впервые. Напомним, что, прежде чем стать политическим поэтом, автором «Бабьего Яра», «Наследников Сталина», Евтушенко прославился в России именно благодаря своей любовной лирике: «Со мною вот что происходит...», «Когда взошло твое лицо...», «Заклинание», «Одиночество» и др.

Е $\dfrac{4702010202}{028(01)-93}$ без объявл.　　　　　　ББК 84.Р7

Евгений Александрович
ЕВТУШЕНКО

НЕТ ЛЕТ
Любовная лирика

Ответственный за выпуск
Г. О р ё л

Художественный редактор
И. Л у ж и н а

Технический редактор
Н. Л и т в и н а

Корректор
М. З и м и н а

ИБ № 7576

Сдано в набор 01.04.93. Подписано в печать 05.05.93. Формат 84×
×108¹/₃₂. Гарнитура «Школьная». Печать высокая. Усл. печ. л. 15,96.
Усл. кр.-отт. 16.01. Уч.-изд. л. 14,2+1 вкл.=14,25. Тираж 50 000 экз.
Заказ № 281. Издательство «Художественная литература», Санкт-
Петербургское отделение. 191186, Санкт-Петербург, Невский пр., 28.
ГПП «Печатный Двор» 197110, Санкт-Петербург, П-110, Чкалов-
ский пр., 15.

Санкт-Петербургское отделение
издательства «Художественная литература»
благодарит мэрию Санкт-Петербурга,
издательство «Северо-Запад»
и объединение «Печатный Двор»
за помощь и содействие в издании
этой книги.